음식패설

음식패설

1판 1쇄 펴낸날 2017년 1월 20일
1판 2쇄 펴낸날 2017년 7월 20일

지은이 김정희

펴낸이 서채윤 펴낸곳 앤길
책만듦이 김승민 책꾸밈이 이현진

등록 2016년 5월 3일(제2016-36호)
주소 서울시 광진구 자양로 214, 2층(구의동)
대표전화 02-465-4650 팩스 02-6080-0707
E-mail book@chaeryun.com Homepage www.chaeryun.com

ⓒ 김정희. 2017
ⓒ 앤길. 2017. published in Korea

이 도서의 국립중앙도서관 출판예정도서목록(CIP)은 서지정보유통지원시스템 홈페이지(http://seoji.nl.go.kr)와 국가자료공동목록시스템(http://www.nl.go.kr/kolisnet)에서 이용하실 수 있습니다. (CIP제어번호 : CIP2017000346)

채륜서(인문), 앤길(사회), 띠움(예술)은 채륜(학술)에 뿌리를 두고 자란 가지입니다.
물과 햇빛이 되어주시면 편하게 쉴 수 있는 그늘을 만들어 드리겠습니다.

음식
패설

김정희

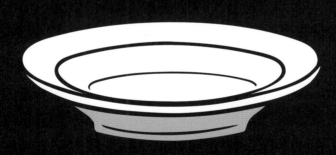

입으로 먹고 머리로 먹고

　　인간에게 먹을거리를 찾는 행위는 생명을 유지하기 위한 본능이다. 그러므로 인류의 출현 이후 자연에 의존해 살았던 인간에게 불, 대지, 물 등의 자연물과 여러 가지 동물들은 신神이었다. 자연의 위력과 동물의 힘에 압도되었던 인간은 자연에 순응하며 수동적으로 채집과 수렵에 의해 먹을 것을 해결하였다. 그러나 서서히 먹을 것을 재배하고 동물을 사육하고 여러 가지 요리도구를 만들고 불을 사용하여 먹거리의 다양화를 이루었다. 다른 동물과 달리 주어진 것만을 먹는 게 아니라 빵과 술과 같은 새로운 먹거리를 만들어냈다. 어느 정도 먹거리가 안정화되면서 이제 생명유지를 위한 본능을 위해서만이 아니라 상징으로서 음식을 먹었다. 그것들은 문명마다 다른 특색을 띠며 나름의 식생활 혹은 식문화를 형성했고, 특히 지역의 자연적 환경이나 문화나 종교적 환경에 따라 금기 혹은 혐오식품이 생겨나고 선호식품이 생겨나기도 했다.

　　그런 식생활과 문화는 인류역사 이후 서서히 발전하다가 산업혁명 이후 급속히 변화되었고, 20세기에 들어서면서 식생활의 변화 외에도 식생활 문화와 정보가 급속히 전파되어 국제화, 세계화가 되어 갔다. 이제 한국의 김치를 뉴욕의 맨하탄에서 먹을 수 있고, 이태리의 라자니아를 우리 집 부엌에서 만들어 먹을 수 있다. 이렇게 한 때는 어떤 특정 지역의 음식이었던 것이 세계화되면서 퓨전음식이라는 새로운 음식문화도 생겨났다.

음식문화가 이렇게 다양해져 입이 충족되면서 이제는 머리를 충족시키고자 나는 늘 먹는 음식 뒷면에 얽혀있는 이야기에 관심을 갖게 되었다. 식품의 원산지가 어디인지, 어떤 음식은 어디에서 유래했는지, 어떤 음식에 어떤 상징성이 있는지, 특정 음식이 우리 인간사회와 어떤 연계성이 있는지, 맛이나 안전성과는 상관없이 왜 혐오식품 혹은 금기식품이 생겨났는지 등.

인간에게 있어서 가장 큰 즐거움의 하나가 먹는 즐거움이다. 그러한 일상생활에서 우리를 즐겁게 해주는 음식의 발자취를 더듬어

가보는 것 또한 나에게는 큰 즐거움이다. 이젠 모두가 충분히 입으로 먹는 즐거움에 머리로 먹는 즐거움도 느낄 때가 된 것 같다. 음식문화는 오랜 시간에 걸쳐서 형성된다. 그래서 음식은 역사와 문화를 들여다볼 수 있는 신선한 창문이 될 수 있다. 즉 음식을 둘러싸고 있는 많은 관습 혹은 규칙 등을 중심으로 문화를 이해할 수 있고 새로운 시각으로 역사를 바라볼 수 있다. 나는 이 책을 읽는 독자들도 나와 같은 즐거움을 느꼈으면 한다.

음식은 또한 한 개인에게는 생리적 채움으로, 사회적으로는 관계를 맺는 매개체로서 중심적 역할을 한다. 그래서 나에게 음식은 나눔이다. 옛말에 "함께 먹고 함께 자야 친해진다"고 했다. 좋은 사람들과 좋은 음식을 함께 먹는 즐거움은 나의 삶을 풍요롭게 해준다. 음식을 둘러싸고 늘 친구와 함께 한다. 세월이 아무리 바뀌어도 우리는 매일 음식을 먹으며 육체적 배고픔과 정신적 배고픔을 충족시키고, 서로 음식을 나눔으로써 혹은 같이 먹음으로써 긍정적 인간관계를 만든다. (인간관계가 나쁘면 음식을 같이 먹는 것은 고통이 되고, 음식 나눔을 거절하게 되면 결국 불화를 만들 수 있다.) 결국 인간이 산다는 것은 관계를 맺는 것이기에, 그 관계의 중심에 있는 음식을 둘러싼 세상에는 흥미로운 이야기가 참 많다. 그리고 매일 거기에 조금씩, 조금씩 새로운 이야기가 덧붙여져 세상이 펼쳐진다. 이제 그 세상을 살짝 엿보자.

차례

입으로 먹고 머리로 먹고 · 4

1장
사랑과 음식

배고픔(음식)과 사랑이 이 세상 모든 일을 지배한다.

-크라프트 에빙Freiherr von Krafft Ebing

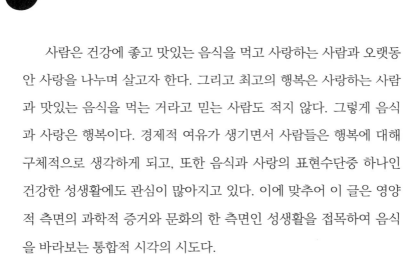

　　사람은 건강에 좋고 맛있는 음식을 먹고 사랑하는 사람과 오랫동
안 사랑을 나누며 살고자 한다. 그리고 최고의 행복은 사랑하는 사람
과 맛있는 음식을 먹는 거라고 믿는 사람도 적지 않다. 그렇게 음식
과 사랑은 행복이다. 경제적 여유가 생기면서 사람들은 행복에 대해
구체적으로 생각하게 되고, 또한 음식과 사랑의 표현수단중 하나인
건강한 성생활에도 관심이 많아지고 있다. 이에 맞추어 이 글은 영양
적 측면의 과학적 증거와 문화의 한 측면인 성생활을 접목하여 음식
을 바라보는 통합적 시각의 시도다.

　　사회가 경제적으로 더욱 발전할수록, 음식과 성생활의 의미는 더
욱 커진다. 그럼에도 불구하고, 현대사회에서 성과 음식에 대한 관심
은 분명하지만 껄끄러운 이슈인 것도 사실이다. 그리하여 이 글은 성
에 대해 약간은 불편하지만 왜 사람들이 특정음식에 특별한 성적 의
미를 부여하는지 살펴보고, 삶의 에너지원인 음식이 성생활에 미치
는 메카니즘을 과학적으로 바라보고자 한다.

　　음식에는 실제로 분위기를 업그레이드시켜주어 사랑하고픈
마음이 일어나도록 해주는 음식도 있고, 단지 외형적 특색 때문에 리비도▫를 상승시켜줄 것이라 믿게 되는 음식도 있다. 그래서 리비도를 상승시켜 줄 거라 기대되는 에로틱푸드와 실제로 성생활에 도움이 되는 섹시푸드로 나누어 그에 타당한 이유를 살펴보고자 한다. 즉 굴, 마늘, 장어 등의 섹시푸드에 대해서는 어떤 영양소가 어떤 메카니즘으로 성생활에 활력을 불어넣는지를 과학적으로 고찰하고, 토마토, 샴페인, 사과, 무화과 등 감각적으로 성욕을 상기시키는 에로틱푸드 역시 어떠한 이유로 성을 연상시키는지 이유를 살피고자 한다.

섹시푸드
▾

　서양이든 동양이든 학자들은 윤리적 가치관과 편견 때문에 성기능에 대한 식물이나 음식의 영양을 과소평가했다. 특히 연구자들의 대부분이 남자인 관계로 더욱 그러했다. 음식과 영양은 여자의 영역이라고 생각했기 때문이다. 그럼에도 불구하고 많은 남성들은 섹스 때 손실된 남성 엑기스를 다시 보충하기 위해 특정음식을 찾아 왔다. 하지만 많은 문화에서, 여성들이 성에 관심을 보이는 것은 터부시되어 여성들은 성에 관련된 음식을 찾지 않았다. 요즘 들어서도 나라마다 섹시푸드 리스트가 가끔 발표되지만, 여전히 남성 위주의 리스트다. 그러나 여기에서는 여성과 남성 모두의 리비도와 관련된 식품으로 대표적인 몇 가지를 예로 들어 각 식품들이 어떠한 이유로 성기능에 도움이 되는지, 왜 사람들로 하여금 섹시푸드로 인식되는지 그 식품의 영양과 메카니즘을 살펴보기로 한다.

사랑의 묘약, 굴

섹시푸드 혹은 에로틱푸드하면 전 세계적으로 많은 사람들이 굴을 뽑는다. 굴이 남성에게 '천연 비아그라'라는 말은 별로 새로울 것도 없다. 이것은 희대의 바람둥이 카사노바가 매일 저녁 식사 때마다 굴을 먹었다는 일화 때문일 것이다. 전쟁영웅 나폴레옹도 전쟁터에서조차 굴을 즐겨먹었다고 하고, 대작가인 발자크도, 독일의 국가체제를 확립한 비스마르크도 잠자리에 들기 전에 굴을 먹었다고 한다. 이것은 그들의 개인적 취향일 수 있겠지만 많은 사람들은 그들의 식습관에 관심을 가지고 있는 것만은 사실이다. 그리고 고대 그리스, 로마 사람들은 굴을 '사랑의 묘약'이라며 생굴을 즐겼다. 흥미로운 것은 생것을 잘 먹지 않는 서양 사람들이 굴만큼은 생으로 먹었다는 것에는 그만한 이유가 있을 것이다. 정말 굴이 섹시푸드의 대표가 될 수 있는 합당한 이유가 있을까?

서양에서는 남성 정력제의 최고로 치는 굴을 '바다의 우유'라고 한다. 그럼 우유에는 어떤 영양소가 풍부해서 굴을 우유에 비유했을까? 칼슘과 단백질이다. 칼슘은 골격강화에 중요함은 물론, 남성발기와 여성 오르가즘에 관계된 근육수축과 근육이완에 필요하다. 그리고 신체 내에 있는 모든 분비액의 성분이 된다. 그 외에도 비타민 A와 B군 그리고 철분, 구리, 망간, 요오드 등의 미네랄이 풍부하다. 일반 식품에는 적은 라이신과 히스티딘 등의 필수아미노산도 많다. 히스티딘은 모든 성장과 성기관의 발달에 필수적으로, 건강한 정자생산과 함께 리비도와 발기에 도움을 준다. 무엇보다 굴에는 남성의 정자와 정액 생산에 필수적인 성분의 하나인 아연이 많다.

우리나라 한의학의 기본서인 『동의보감』에서도 굴은 해산물 중에서 가장 귀한 것으로 "먹으면 보익補益하며 피부를 아름답게 하고 안색을 좋게 한다."고 적고 있다. 분명 동양에서는 여성을 위한 음식으로 보고 있다. 역시 굴에 풍부한 아연이 세포성장과 재생에 필요한 성분이고, 앞에서 언급했듯이 굴의 다양한 비타민과 미네랄이 피부에 좋은 것이 사실이다.

과학적 근거를 알지 못했던 고대 사람들은 굴의 외형적 특징 때문에 굴을 섹시푸드로 혹은 에로틱푸드로 여겼을 것이다. 얼음조각 위에 놓인 반쯤 벌어진 굴은 여성의 성기를 연상시킨다고 말하는 사람도 있고, 생굴의 속살이 하얀 우유 빛깔이어서 여자의 피부를 상기시키는 감각적 측면을 보는 사람도 있다. 무엇을 연상하듯 섹시한 굴은 동서양에서 찬사를 받는 음식인 것만은 사실이다.

> "굴을 먹어라. 그러면 더 오래 사랑하리라.Eat Oyster, love longer."
> "배 타는 어부의 딸은 얼굴이 까맣고, 굴 따는 어부의 딸은 피부가 하얗다."

굴과 관련된 이런 동서양의 속담은 무엇을 의미할까?

나는 생선가게에 굴이 나오면 이제 겨울이 시작되려나 보나 하고 반갑다. 겨울을 좋아해서가 아니라 굴을 마음 놓고 먹을 수 있는 계절이 되었기 때문이다. 어패류는 영어로 달 이름에 "R"이 들어가는

철에 먹어야 안심이라고 하나 그래도 서서히 김장을 준비하는 계절
에 먹는 굴이 제 맛이다. 김장을 하고 도중에 배춧잎 하나에 양념 묻
혀 싸먹는 굴 맛은 맛도 맛이려니와 서로 하나씩 싸서 입에 넣어주는
정이 더욱 별미다.

피라미드를 있게 한 마늘과 양파, 부추

서양 속담에 다음과 같은 말이 있다. "Shallots are for babies,
Onions are for men, Garlics are for heroes." 샬롯은 양파와 파
의 중간쯤 되는 채소로 우리나라에서는 익숙하지 않으니 그렇다 치
고, 양파는 남자를 위한 음식이고 마늘은 영웅을 위한 음식이라 했
다. 한마디로 남성을 위한 음식, 다시 말해 정력에 좋다는 이야기다.
우리나라에서 마늘은 단군신화와의 관계로 그 효능을 한 방에 표현
했다. 곰을 사람으로 만드는 능력. 그것도 남자가 아닌 여자로 만들
었다. 앞으로 세상을 위한 인간보존의 역할을 직접적으로 맡게 될 여
자로. 더 이상 무슨 말을 하랴. 마늘과 양파와 거의 같은 식구라 할
수 있는 부추는 '기양초起陽草'라는 별칭으로 남자의 성적 능력을 북돋
워주는 자양 강장식으로 통한다.

마늘의 원산지는 이집트 혹은 중앙아시아로 추정된다. 고대 이
집트에서는 피라미드 건축 동안에 노동자들에게 마늘과 양파를 먹였
고, 심지어 구약성서의 민수기(11:5)에 따르면, 고대 유태인들은 모세
의 인도 아래 이집트를 탈출할 때 체력유지를 위해 마늘을 먹었다. 고
대 그리스에서는 사람들은 올림픽대회 전에 선수들이 최고 실력을 뽐

낼 수 있도록 그들에게 마늘과 양파를 먹였다. 게다가 그리스 극작가 아리스토파네스Aristophanes는 마늘을 먹으면 용기도 생겨난다고 했다. 그리스 문화를 수용한 로마에서도 마늘은 많이 애용되는 식품이었다. 로마 군인들 역시 양파, 마늘 등이 힘과 용기를 북돋아준다고 여겨 휴대하고 다니며 먹었다고 하니, 마늘 분포도를 만들면 로마제국의 국경확장과정을 추적할 수 있다고 보는 학자도 있다. 이런 관습은 로마 사람들로 하여금 전쟁의 신 마르스Mars에게 마늘을 바치게 만들었다. 아마도 마르스에게 마늘 먹고 힘과 용기를 얻어 전쟁의 신답게 전쟁을 승리로 이끌어주기를 바라는 마음에서 비롯되었을 것이다.

'힘'하면 생각나는 마늘, 양파, 부추! 이 채소들은 다른 의미에서도 힘을 키워주었다. 고고학자들은 로마 폼페이의 매음굴의 유적에서 양파 한 바구니를 발견했다. 이것은 양파가 사람들을 자극해서 육체적 성행위를 하고 싶어 하게 만드는 데 도움이 된다고 믿었기 때문이다. 로마의 박물학자 플리니우스 역시 마늘이 최음제라고 말하며, 포도주의 안주(?)로 마늘을 신선한 고수와 함께 먹으면 효과가 좋다고 먹는 법까지 권했다. 유대인들의 율법과 전통에 대해 쓰인 『탈무드』에서 에스라Ezra는 남편들이 금요일 밤에 마늘을 먹고 기운을 내 부부간의 의무를 수행하라고 지시했다고 한다. 섹시푸드와 에로틱푸드를 연구하면서 느낀 바로는, 많은 문화의 옛 사람들은 양파와 마늘 외에도 자극적인 음식은 거의 모두 최음효과가 있는 것으로 믿었던 것으로 보인다.

결국 마늘을 비롯한 양파와 부추는 동서양의 많은 나라에서 가장 오래 된 정력제 혹은 강장제로 사용되어 왔다. 이들 양파나 마늘 혹은 부추와 같은 파속식물의 공통점은 '황화아릴'이라는 자극 성분이다.

이 강한 향 성분은 성기능하고는 직접적 관련이 없지만 항생효과와 항균효과를 내며, 간을 튼튼하게 해주어 노폐물이나 체내로 침입한 독소를 신속하게 몸 밖으로 내보내, 적어도 혈액순환이나 혈관을 깨끗하게 하여 중년 이후의 발기기능을 지켜주는 등의 많은 의학적 효과는 잘 알려져 있다. 또한 이것은 비타민 B1의 흡수를 도와 우리 몸의 신진대사를 활발하게 한다. 즉 마늘과 양파, 부추 등은 혈액순환과 에너지대사의 전반적인 건강을 도와 리비도 상승효과를 보이는 것이다. 이런 영양학적 혹은 생리학적 기능은 여자에게도 마찬가지다.

특히 마늘에 함유된 '스코르디닌scordinin'이라는 물질은 음경의 해면체를 충만하게 해주는 신비한 힘이 있다. 즉 혈액순환이 잘 되어 일종의 신체 말초부위라 할 수 있는 음경까지 혈액이 충분히 전달되도록 해준다. 실험결과 스코르디닌을 투여한 쥐는 투여 받지 않은 쥐보다 수영 지속시간이 4배 가까이 길었고 정자도 현저히 증식되었다고 한다.[1] 미국 유명 레스토랑인 Alice's Restaurant의 앨리스 M. 브록Alice May Brock은 이렇게 말했다. "토마토와 오레가노는 이태리 음식을 완성하고, 포도주와 테라곤(사철쑥류의 향신료)은 프랑스 음식을 완성하고, 싸우어크림sour cream은 러시아 음식을 완성한다. 그리고 레몬과 계피는 그리스 음식을 완성하고, 간장은 중국 음식을 완성한다." 이쯤에서 마늘이 나와야지? "마늘은 건강에 좋은 음식을 만든다." 어느 나라음식을 막론하고 마늘이 건강에 좋다는 표현이다. 내가 처음 미국에 간 것이 1980년대 중엽, 그 때까지만 해도 나는 한국 음식에만 마늘이 들어가는 줄 알았는데, 즉 우리만 좋은 것 먹고 있는 줄 알았는데, 이태리 레스토랑에서 마늘을 사용하는 걸 보고 충격을 받았었다.

양파와 부추는 칼슘, 엽산이 풍부하고 마그네슘과 베타-카로틴

(비타민 A)을 섭취하기에도 좋은 식품이다. 마그네슘의 효과는 칼슘과 협력하여 뼈를 튼튼하게 하고 정서를 안정시키는 효과가 있다. 우리 몸에는 기분을 조절하는 도파민이라는 신경전달물질이 있는데, 마그네슘은 성적 흥분이나 오르가즘을 느끼는 데 필요한 도파민 생성과 정에 필요한 물질 중 하나다. 엽산은 임신 중 반드시 섭취해야 할 중요한 영양소 중 하나다. 혈액 생성과 세포 분열에 필요하기 때문에 임신 전부터 충분히 섭취해야 한다. 무엇보다 빈혈을 예방하고 태아의 건강한 성장발달을 도와준다. 또한 여성의 심장병 예방에 도움이 되는 영양소다.

양파와 마늘에 얽힌 재미있는 이슬람 전설이 있다. 사탄이 에덴 동산에서 추방될 때 천사가 불타는 칼을 들고 그를 바싹 뒤따르자 걸음아 나살려라 하고 도망치는 사탄의 오른발 자국에서 양파가, 왼발 자국에서 마늘이 돋았다고 한다. 사탄이 미안한 마음에 우리 인간에게 남겨준 귀한 선물인가? 악귀를 쫓아낸다는 민간요법이나 드라큘라 이야기는 황화아릴의 지독한 냄새뿐 아니라 이런 근거를 두고 생겨난 것이다.

결국 동양이나 서양 모두에게 마늘은 오래 전부터 효능이 인정된 식품이지만, 짐승이나 새들은 먹지 않는, 오로지 우리 인간만이 먹는 조물주의 특별한 선물이다.

보양식의 대명사, 장어와 생강

여름에 몸의 원기를 보호한다고 많은 남자들이 장어를 먹는다.

앞서 말하지만 일반적으로 남자에게 좋은 음식은 여자에게도 좋은 음식이다. 장어를 구워본 사람은 알겠지만 지방이 많다. 이 지방의 주성분인 오메가-3 불포화지방산과 단백질이 장어를 여름 보양식의 최고로 만들어준다. 게다가 에너지 대사에 중요한 비타민 B군도 들어있어 강장효과를 얻기에 효과적인 음식이다. 장어의 비타민 E는 항산화효과가 있는 비타민으로 오메가-3 불포화지방산과 함께 혈중에 콜레스테롤을 감소시켜 동맥경화나 각종 혈관질환을 예방해주며 건강한 성생활과 활력에 필수인 성호르몬 생산에 관여한다. 장어의 점액성 단백질과 콜라겐은 세포기능을 활성화시켜 피부탄력에 효과가 있다. 그리고 장어의 비타민 A는 난소의 기능을 활성화시켜 성호르몬인 에스트로겐(여성 호르몬)과 테스토스테론(남성호르몬) 생산에 관여한다.

사실 우리 선조들은 장어가 뱀처럼 생겨 즐겨 먹지 않았다. 그러나 일제강점기에 일본인들이 즐겨먹는 것을 보고 우리나라 사람들도 먹게 된 것이다. 스태미나를 증진시키는 영양소로 여기는 영양학적 사실을 모르던 에도시대(1603~1867)부터 일본 사람들에게는 장어를 먹는 것이 여름날의 의식과 같았다. 당시에는 장어껍질의 검은색이 불운을 쫓아내준다고 믿었기 때문이다. 그로 인해 검은콩, 가지와 같은 다른 어두운 색의 음식을 먹는 것에도 영향을 주었다. 일본의 고전인 『만엽집萬葉集』에는 "여름 더위에 지친 몸에 효능이 있다"고 기술하였고, 중국의 『계신록稽神錄』에는 장어를 신약神藥이라 부를 정도로 장어의 효능을 극찬해 놓았다고 한다.[2]

장어와 함께 먹는 생강은 살균작용이 뛰어나 각종 세균으로부터 식중독을 예방할 수 있고, 자극제로서 성질이 따뜻하며 신진대사를 촉진해 몸속의 순환을 원활하게 하고 몸의 기를 소통시켜준다. 그러므로 혈액을 맑게 하여 발기기능을 신장하는데 도움이 된다.[3] 베타-카로틴, 비타민 C, 칼슘, 철분, 아연, 마그네슘 등이 함유되어 있는 생강은 성욕을 촉진하는 식품으로 가장 오래전부터 알려져 온 식품 중의 하나다. 아프리카 사람들은 생강을 최음제로 먹는다. 그리고 사우디 과학자들은 생강이 정자수와 정자의 활동성을 증가시킨다고 단언한다.[4] 프랑스에서도 루이 15세Louis XV를 유혹한 뒤바리 부인Madame du Barry은 자신의 연인들에게 생강을 먹였다고 한다.

생강은 성감대를 민감하게 해주고 혀를 따끔거리게 하고 입술을 부풀게 한다. 그래서인지 생강의 영어 단어 'ginger'는 정력, 원기라는 뜻을 담고 있고 동사로는 '활기를 넣다' 혹은 '자극하다'는 의미를 갖고 있다.

깻잎에 잘 구워진 장어 한 조각, 그 위에 생강 채와 마늘 채, 그리고 맛있는 쌈장을 얹어 입 크게 벌리고 먹는 생각만으로도 힘이 불끈 솟는 기분이다. 사랑하는 가족들 입에 이런 장어 쌈 하나씩 입에 넣어주면 그게 행복일 것이다.

고개 숙인 남성의 허리를 펴주는 새우

새우는 세계 많은 나라에서 사랑받는 수산물이다. 그래서 새우의 맛과 모양을 살려 다양한 음식이 발달하였다. 그런 새우를 한의학에서는 남성의 성기능 장애에 효과가 있다고 한다. 중국의 『본초강목』에는 "혼자 여행할 때는 새우를 먹지 마라. 총각은 새우를 먹지 마라"

는 말이 있다. 즉 남성의 양기를 북돋워주고 스태미나의 원천인 신장을 강하게 하는 강장식품으로 본다. 한의학에서는 신장에 좋은 식품이면 온몸의 혈액순환이 잘 되어 기력이 충실해져 필연적으로 양기를 돋우게 된다고 본다.

"3일 동안 밥을 먹지 않고는 살아도 여자가 없으면 하루도 살 수 없다."는 말을 누가 했을까? 중국의 황제 한무제漢武帝의 말이다. 정력이 워낙 왕성해 후궁만 해도 만 명이 넘는다니 이게 가능할까? 제비뽑기를 해도 순서가 과연 돌아올까? 실제로 중국 청대에는 황제의 잠자리를 봐주는 태감이라는 직책이 있었는데, 이들은 황제가 저녁 식사를 끝마칠 때쯤 후궁의 이름이 적힌 패를 들고 가서 왕에게 패를 선택하도록 했다한다. 위와 같은 말을 할 정도로 보아 적어도 한무제는 여자를 무척 밝힌 남자였음은 분명하다. 그런 그가 즐겨먹은 음식 중 하나가 새우다. 그가 새우를 먹은 것은 단순히 맛 때문에 먹었을 수도 있겠지만, 굴을 카사노바와 연상하듯이, 우리는 한무제가 새우를 즐겨먹었다는 것에도 뭔가 의미를 부여해본다.

생강에서 언급한 루이 15세의 마지막 정부情婦 뒤바리 부인은 유혹의 음식으로 샴페인 소스와 함께 먹는 새우를 좋아했다. 카사노바는 새우가 사랑할 분위기를 만들어준다고 하였고, 그의 여행 동반자였던 아뇰로 토레다노Agnolo Torredano까지도 새우에 대해 다음과 같이 말했다. "새우는 이 차갑고 늙은 몸을 여전히 열정을 즐길 수 있도록 만들어준 생명의 음식이다." 일부 관능적인 카리브 문화에서는 섹스를 하는 동안 새우를 먹으면 그 기쁨이 배가 된다고 믿고 있다.[5]

실제로 새우에는 에너지 대사에 꼭 필요한 비타민 B군을 비롯하여 아연, 마그네슘, 칼슘, 요오드, 그리고 셀레니움 등이 풍부하다.

또한 필수 아미노산의 함량이 높다. 무드를 조절하고 성욕을 증진시키는 뇌의 신경전달물질 생산에 필요한 아미노산인 페닐알라닌도 풍부하다. 앞서 굴에서 언급했듯이 아연은 남자의 정자와 정액 생성에 필수적 요인이고, 셀레니움은 강력한 항산화제 효과로 관심을 받는 대표적 영양소다. 특히 새우의 셀레니움은 흡수성이 좋다는 연구가 있다. 또한 새우의 색소성분 물질인 아스타잔틴astaxanthin은 카로티노이드 물질로 항염증과 항산화 성질을 가지고 있다.

새우의 콜레스테롤은 많은 사람들이 우려하고 있지만, 새우의 주요 지방산인 오메가-3 불포화지방산은 고혈압과 당뇨병과 같은 만성질환의 위험을 감소시키고 LDL-콜레스테롤의 수준을 감소시키고 HDL-콜레스테롤을 증가시키므로 우려하지 않아도 된다.

남녀노소 모두 좋아하는 새우는 많은 속담에 등장한다. 우선 강한 자들끼리 싸우는 통에 아무 상관도 없는 약한 자가 피해를 입게 됨을 비유적으로 표현하는 속담으로 "고래 싸움에 새우등 터진다."가 있다. 거꾸로 약하고 보잘 것 없는 아랫사람이 저지른 일로 인해 윗사람이 해를 입는 경우에, "새우 싸움에 고래 등 터진다."고 한다. 속담에서 새우는 일반적으로 약하고 보잘 것 없는 것에 비유되고 있지만, 결국 허리 굽은 새우가 고개 숙인 남성의 허리를 펴준다고나 할까?

미녀가 좋아하는 석류

늦은 봄과 초여름에 피는 주홍색의 석류꽃을 나는 무척 좋아한다. 그 통통하고 예쁜 꽃이 지고 맺히는 석류는 결코 아름다운 열매

는 아니다. 기다려야 한다. 석류가 매력을 발휘하기를. 어느 날 쩍 하
고 가슴을 열어젖힐 날이 올 게다. 속에 감춘 열정을 보여주는 날. 그
날이 되면 석류는 많은 사람들의 사랑을 듬뿍 받을 것이다.

영롱한 붉은 보석이 알알이 박혀있는 석류는 여성의 과일로 통
한다. 예전에 석류음료의 광고에 "미녀는 석류를 좋아해."라는 카피
가 있었다. 이것은 동서양의 대표 미녀인 양귀비와 클레오파트라가
좋아했던 과일이었으니 어느 정도 믿을 만한 근거가 있다고 보자. 무
엇보다 석류는 알맹이 하나하나의 영롱함이 마치 붉은 보석 같아 여
자들이 유독 좋아하지 않을까 하는 생각이 든다. 석류 먹으면 우리도
동서양의 저 예쁜 언니들처럼 예뻐질까?

많은 남자들 사이에 여자가 한 명 있으면 '홍일점'이라고 부른다.
바로 이 말은 붉은 석류에서 비롯된 말이다. 붉은 석류가 여자인 셈
이다. 그래서일까? 석류는 여성의 과일이라는 명성에 걸맞게 천연 식
물성 에스트로겐 성분이 들어있다. 에스트로겐은 여성 갱년기 장애
에 도움이 되고 콜라겐 합성을 도와 주름을 개선하는 효과가 있어 여
성들의 피부 미용에 탁월할 뿐 아니라 관절 및 근육의 통증을 완화시
키기도 한다. 석류에는 항산화성분으로 플라보노이드와 폴리페놀 성
분 외에도 석류에서만 발견되는 퍼니칼라긴punicalagin도 있다. 보다 나
은 효과를 위해서는 석류를 먹을 때 씨앗과 함께 먹는 게 좋다. 이외
에도 비타민 B군과 C, 칼륨, 철분이 풍부하다.[6] 그래서 추위에 약해
진 면역력을 높이고, 안토시아닌 성분은 시력 개선효과도 기대할 수
있고, 칼륨이 다량 함유돼 우리 식생활에서 늘 신경 쓰이는 나트륨을
제거해주고, 신경계 건강을 유지시켜서 정상적인 혈압과 세포 내에
영양분을 운반하는 역할을 해준다.

그러나 석류가 여성 과일로 인식되고 있지만, 퀸 마가렛 대학교 Queen Margaret University 연구팀에 따르면, 매일 석류주스 한 컵을 먹으면 남자와 여자 모두에게 테스토스테론 생성을 증가시켜 성생활에 도움이 된다고 하고, 대표적인 남성암을 예방해준다는 연구결과도 있다.[7]

페르시아 사람들은 에덴동산에서 이브가 사과가 아니라 석류를 먹었다고 믿는다. 아마도 석류의 원산지가 페르시아(현재 이란)여서 그들에게 최초의 과일은 석류로 인식되었을 수 있다. 고대 이집트와 페르시아 등 아랍 사람들은 석류가 영원한 삶을 준다고 믿었기 때문에 사람이 죽으면 석류를 함께 넣어 매장했다. 그리고 행운을 위해 그리스 사람들은 결혼식 때 석류를 까는 전통이 있는데, 신랑신부가 왜 석류를 까겠는가? 그리고 중국 사람들은 석류설탕조림을 먹는다. 결국 동서양의 신랑신부는 결혼식 날 비타민 C를 비롯하여 여러 항산화성분이 풍부한 석류를 먹는다. "너 하나, 나 하나" 하며 먹는 작은 알갱이의 석류는 여자나 남자에게 좋은 식품으로 가정의 행복을 가져다주는 음식인 것이다.

석류를 살짝 야한 에로틱푸드로 바라보면? 석류 열매가 익어가는 과정은 아이에서부터 어른까지 차츰 커져가는 남성의 음낭의 크기와 그 모양이 닮았다고 중국 사람들은 상상했다. 열매 안의 알갱이 때문에 다산을 상징하기도 하지만 이런 모양에서 비롯된 상징성은 여인들의 사랑을 받게 한 이유였다. 그래서 석류는 여인들의 생활용품에 다양하게 표현되었다. 우리나라 조선시대 귀부인들의 예복인 당의唐衣, 왕비의 대례복, 골무, 안방가구 등에 석류잠石榴簪을 꽂았는가 하면 몸에 지니고 다니던 향낭香囊 역시 석류 열매 모양으로 만들었다. 이쯤 되면 석류도 에로틱푸드로 분류될 수 있을 것 같다.

새 세상 맞은 참치와 연어

참치하면 김치찌개다. 누구나 쉽게 만들어 맛있게 먹을 수 있는 요리다. 거의 모든 집 부엌에 하나쯤은 있을 참치통조림. 약간 여유가 있는 사람들은 참치회집으로 가겠지만, 그래도 참치김치찌개와 참치김밥 등 우리나라 사람들에게 익숙한 생선이다. 현재 우리나라 연간 횟감용 참치 소비량은 세계 3위, 그리고 1인당 참치 통조림 소비량은 아시아 1위라고 하니, 우리나라 사람들의 참치 사랑은 각별하다. 하지만 참치가 우리 식생활에 이렇게 깊이 들어온 것은 그리 오래 되지 않았다. 외국에서 온 생선이기 때문이다. 1980년대 중반, 내가 유학 중에 한국에 잠시 나왔을 때, 미국에서 같이 공부하는 친구의 형이 동생에게 가져다 달라고 부탁한 것이 참치통조림이었다. 외국에서 공부하는 동생에게 귀한 음식을 보내주고 싶었던 것이다. 바로 그때가 우리나라에 참치통조림이 등장한 시기라고 볼 수 있다.

동양에서 장어를 최고로 친다면, 서양에서는 아연, 셀레니움, 비타민 B군, 단백질, 오메가-3 지방산 등이 풍부한 참치는 종종 굴 다음으로 섹시푸드의 왕으로 여겨지고 있다. 정자생산을 증가하고 리비도나 스태미나 증가에 효과가 있다. 이 귀한 생선을 1900년대 이전에는 먹지 않았다니 참치의 진가는 다른 어떤 식품보다 늦게 알려졌다. 20세기 들어서 통조림이 상용화되기 전까지 참치는 쓰레기생선 취급을 받았다. 오죽했으면 생선도둑이라 할 수 있는 고양이마저도 외면하는 생선이라고 하였다니! 그 옛날 사람들이 참치의 영양가를 알았더라면 얼마나 자신들의 태도에 애석해했을까?

오늘날 이렇게 참치가 사랑받는 데는 사람들의 입맛이 변해서일까? 그러한 이유도 있겠지만 사실 참치는 주로 먼 바다에서 잡히는 생선이다. 그러니 냉동시설이 전혀 갖춰져 있지 않았던 시절에는 어쩌다 참치를 잡는다 해도 항구로 돌아오는 도중에 부패해 먹을 수 없었다. 그러나 냉동기술의 발달과 통조림기술은 참치의 새로운 시대를 열었다. 특히 제1차 세계대전 때 미국 병사들 사이에 참치는 '바다의 닭고기'라는 별명과 함께 통조림이 인기를 끌었고, 제2차 세계대전 후 일본에 주둔한 미군들이 좋아하는 스테이크를 대신할 생선으로 참치가 뽑혔던 것이다.

연어 역시 우리에게는 더욱 최근에 수입된 고급생선이다. 인류역사에서 거의 모든 생선은 사람들에게 가장 인기 있는 음식의 하나로 육류보다 더 신속하게 소화되어 에너지를 제공해왔지만, 특히 아주 맛있어 보이는 주홍색의 연어는 매력적이다. 슈퍼푸드에 속하는 연어에도 역시 다른 등 푸른 생선과 마찬가지로 오메가-3 불포화지방산인 EPA와 DHA가 함유되어 있어 혈액순환에 도움이 되어 동맥경화, 고혈압을 예방해 줄뿐 아니라 콜레스테롤 농도를 유지하는데도 도움이 되어 심장건강에 도움이 된다. 연어에는 비타민A, B군, D, E 등도 풍부하다.

참치와는 달리 연어는 서양에서 오랜 역사 동안 천연 비아그라 대우를 받았지만, 강력한 성적 에너지 제공자로 더욱 각광을 받은 것은 비교적 최근이다. 연어의 우수한 단백질과 '행복호르몬'인 세로토닌의 전구물질인 트립토판이 풍부하여 분위기를 강화시키기 때문이다. 전통적으로 스코틀랜드 사람들은 캐비어를 연어에 둘둘 싸서 먹곤 했다. 연어와 굴도 환상적인 조합이다.

켈트신화나 문학에서 지혜와 덕망을 나타내는 중요한 존재로 아서왕의 전설에서도 등장하는 연어는 뭔가 신비롭게 삶을 활기 있게 해주고 근육도 강화시켜준다. 연어의 힘찬 이미지! 우리나라 노래에도 있지 않던가! 거꾸로 강을 거슬러 오르는 저 힘찬 연어들처럼~

이 외에도 대부분의 생선은 특히 남성에게 성적 흥분을 증대시키고 정자생산에 필수적인 셀레니움과 오메가-3 필수지방산뿐 아니라 아연, 마그네슘 등을 포함하고 있다. 이런 영양소들은 사실 남녀노소 모두에게 필요하다. 많은 식품과학의 연구가 서양에서 이루어졌기 때문에 서양 식생활에 맞게 연구되다 보니 생선 중 참치와 연어가 영양 좋은 생선을 대표했다 보면 될 것이다. 즉 참치나 연어 외의 많은 생선이 건강에 좋다는 것을 염두에 두었으면 좋겠다. 고등어와 꽁치도 참치와 연어 못지않게 좋은 생선이다. 고등어는 우리나라 국민 생선 중 하나다. 한국인답게 묵은 김치 넣고 끓인 고등어조림이야말로 진정한 밥도둑이다.

신을 위한 음식, 다크(블랙) 초콜릿

요즘 사랑의 음식하면 초콜릿이다. 어떤 이유에서든 밸런타인데이만 보아도 알 수 있다. 전설의 카사노바 역시 밤에 에너지를 제공해주고 샴페인 다음으로 최고의 최음제라고 칭찬했던 초콜릿은 성욕을 일으키는 즉 최음제와 같은 음식이기 때문에 오랜 역사 동안 논란의 대상이었다.

초콜릿이 기쁨과 행복감을 주는 것은 사실이다. 초콜릿의 성분 중에는 중추신경계를 자극하는 카페인이 있어 각성효과가 있고, 또 다른 신경자극물질인 테로브로마인theobromine은 폐의 평활근을 이완시켜 긴장을 풀고 편안함을 느끼도록 해준다. 초콜릿의 또 다른 대표적 성분인 트립토판은 일명 '초콜릿 엑스터시'라 불리는데, 사람들에게 있어서 심리적 또는 육체적인 건강, 힘, 활력 등 장수와 관련되어 있다. 이것은 앞서 언급한 '행복호르몬'인 세로토닌이라는 신경전달물질을 만들어 기분 좋은 상태, 심지어 황홀경을 만들어 행복해지고 긍정적인 사고를 유지하는데 도움이 된다. 또 다른 성분인 초콜릿의 페닐에틸아민phenylethylamine 은 '초콜릿의 암페타민'이라 불린다. 암페타민(마약의 주성분)은 대뇌피질을 각성시켜 뇌 속의 행복중추를 자극한다. 남녀가 성관계를 통해 오르가즘을 느낄 때 페닐에틸아민 농도가 최고치를 나타내는 것으로 알려져 있다. 페닐에틸아민은 상대의 결점을 보지 못하도록 눈 멀게 만드는 '콩깍지 호르몬'인 도파민의 전구물질이다.

초콜릿에는 마그네슘 역시 풍부하여 앞에서 언급한 대로 뼈 건강과 정서안정뿐 아니라 생리통을 완화시키는데 도움이 될 수 있다. 그 이에도 항산화기능을 가지고 있는 카로틴, 비타민 C와 E, 셀레니움과 플라본 등이 있다.

초콜릿을 최초로 만들어 마신 사람들은 멕시코의 마야족(혹은 올맥족)이었다. 카카오의 학명은 '테오브로마 카카오'로 '신을 위한 음식'이란 뜻을 가지고 있을 만큼 멕시코 원주민들에게 초콜릿은 인간의 피를 상징했을 정도로 신성한 것이었다. 그러나 스페인에 의해 초콜릿은 더 이상 신성함을 유지하지 못했다. 당시 스페인 왕실의 한 의사는 "초콜릿은 위를 따뜻하게 하고, 숨을 향기롭게 하며, 무엇보다도 성욕을 자극한다."고 하였다. 바로 이것이 서양세계에서 초콜릿이 인기를 끈 숨은 비밀이었고, 뒤에서 설명할 에로틱푸드가 된 이유다.

아이러니하게도 그렇게 신성하다고 믿었던 카카오를 마야 사람들은 매춘굴에서 카카오를 지불방법으로 사용했고, 바람둥이였던 아즈텍의 왕 몬테수마Montezuma는 부인에게 달려가기 전에 초콜릿을 50잔이나 마셨다고 한다. 즉 성적 자극제로 사용했던 것이다.

1661년, 오스트리아의 공주 마리 테레즈Marie-Thérèse가 프랑스로 시집을 오면서 초콜릿을 프랑스 왕실에 소개했을 때, 모든 사람들은 흥분하였다. 초콜릿 음료가 프랑스 여인들의 도덕성을 타락시킬까봐 마리 공주의 남편 루이 14세는 그녀가 사람들이 보는 앞에서 초콜릿 음료를 마시는 것을 금지하였다. 그러나 사람들은 쉽게 자신의 먹고자 하는 욕망을 억제할 수 없었다.

루이 15세는 자신의 연인 팜파도르의 성욕을 흥분시키기 위해 그녀에게 초콜릿을 선물하였고, 그의 침실로 들어가 최고의 권력을 얻은 그의 마지막 연인 마담 뒤바리가 그의 호색적인 취향을 만족해줄 수 있는 비밀무기는 초콜릿이었다고들 말했다. 18세기 유행했던 삼류소설에 따르면, 그녀는 특별히 조제한 초콜릿으로 왕의 발기를 도와주었다고 한다. 그런 묘사는 루이 15세가 남자로서 그리고 왕으로서 무력하다는 것을 전달하고자 한 것이라고 해석하였다. 즉 '왕권은 왕의 남근만큼 허약해져 있다'는 것이다. 어찌 되었건 초콜릿은 늘 섹스와 연관되어 있었고, 그래서 사람들에게 사랑을 늘 받았고, 결코 고상한 음식으로서 여겨지지 않고 유희적이고 방탕한 음식이었다.[8]

영국의 시인 워즈워드Wordsworth가 말하길, "초콜릿은 늙은 여자를 젊고 생기 있게 만들고 육신에 활기를 불어넣어 은밀한 뭔가를 갈

망하는 육욕의 동요를 일으킨다."고 하였다. 이런 강력한 오랜 믿음
은 특히 여자와 성직자들에게 금기 식품으로 만들었다. 그러나 초콜
릿의 낯 뜨거운 소문에도 불구하고 초콜릿의 원료인 카카오로 만든
샴페인은 여자들 사이에서 유행하였다. 그러나 문제는 단식 때 성직
자들이 초콜릿 음료를 마실 수 있는지의 여부였다. 화려하고 사치했
던 17세기의 바로크 시대에 인기를 누리던 초콜릿은 유럽 종교계를
논쟁의 도가니로 몰고 갔다. 외형상 초콜릿이 단순히 갈증을 해소하
는 음료인가, 아니면 영양을 공급하는 음식인가를 놓고 19세기 초까
지 200년 넘게 논란을 벌였다. 그러나 사실 이것은 영양의 유무 문제
가 아니었다. 종교에서의 단식은 음란한 욕망을 없애고자 하는 것인
데, 성적 욕망을 불러일으키는 초콜릿 음료를 마신다는 것은 반종교
적이라는 주장이 있었기 때문이다. 그래서 몇몇 종교지도자들은 모
든 수도사들로 하여금 이 선정적인 음료인 초콜릿을 삼가도록 하였
다. 인간의 기본욕구를 참는 게 수도사들의 수행과정의 핵심이나 초
콜릿은 분명 유혹이었던 것이다.

요강 엎는 복분자

일명 요강을 엎는 복분자라 불리는 산딸기 역시 성 건강에 빠질
수 없는 식품이다. 민담에 따르면, 남편이 이웃마을에 볼 일을 보고
돌아오다가 배가 고파 우연히 산딸기를 먹게 되었다. 다음날 아침 일
어나서 소변을 보러 화장실에 갔는데 소변줄기가 너무 힘이 세어 오
줌항아리가 뒤집어지고 말았다. 그래서 복분자覆盆子라는 이름이 생겼

다고 한다.

그런데 오줌줄기가 세진다고 해서 과연 남자의 정력과 관계있다고 그 누가 말했던가? 그 말은 신빙성이 있을까? 예로부터 우리나라에는 오줌줄기의 강약으로 그 사람의 정력을 유추할 수 있다는 믿음이 있었다. 남자의 경우, 요도는 소변과 정액이 공동으로 배출되는 기관이다. 그리고 배뇨와 사정은 물론 발기현상은 생리적으로 같은 자율신경계에 의해 조절된다. 그래서 이런 기능에 관여되는 콩팥(신장)의 기능이 건전해야 힘찬 오줌줄기를 만들어 낼 수 있는 것으로 보고 있다. 그래서 힘찬 소변은 정력을 가늠할 수 있는 간접적 방법이 될 수 있다.

복분자에는 노화방지에 효과적인 항산화성분 안토시아닌 성분과 비타민 A와 C, 그리고 각종 미네랄이 풍부하여 피로회복과 피부미용에 좋다. 『동의보감』 외형편에는 아예 노골적으로 복분자는 콩팥에 작용하여 힘을 북돋아주어 음경을 단단하게 하고 길어지게 한다고 적고 있다. 발기현상은 결국 혈액순환과 절대적 관련이 있으니, 항산화성분이 풍부한 복분자는 혈액순환에 효능이 있어 충분히 남성 정력과 연계시킬 수 있을 수 있다고 본다. 실제로 복분자 시험장 연구원 이희권 박사는 실험을 통해 복분자가 성기능 개선효과가 있음을 보고했다.

전라북도 고창은 복분자와 풍천장어로 유명하다. 그래서 고창군에서는 '고창복분자축제'와 '장어 먹는 날' 행사도 있다. 그곳에 가서 복분자주에 장어를 안주로 한잔 한다면 많은 남자들은 괜스레 뿌듯해할 것 같다.

위에서 나열한 식품 외에도 낙지, 버섯, 새싹식품, 해삼, 브로콜리, 시금치, 아몬드, 참깨 등 우리 식생활에서 흔히 볼 수 있는 많은 음식들이 섹시푸드에 들어 갈 수 있다. 건강한 성생활을 하려면 건강한 신체가 필요하다. 그러기에 어떤 특정 식품만을 먹었다고 효과가 있는 것은 아니다. 몇몇 영양소가 주요한 역할을 하는 것이 사실이지만 결국 모든 식품을 골고루 섭취하여 전반적인 균형을 이루는 것이 더욱 중요하다. 다시 말해, 모든 음식이 우리 건강에 좋은 성분들이 들어있으므로 어느 특정 음식에 너무 집착하지 말고 골고루 먹는 것이 섹시한 삶의 해결책이라 할 수 있다.

에로틱푸드

음식과 섹스의 관계는 서로의 이미지에서도 비롯된다. 예를 들어 바나나는 남자의 음경을 연상시키는 음식물로 인식되며, 참외나 코코넛은 여자의 가슴을, 굴이나 무화과 등은 여성의 음부를 상기시키는 음식이다. 특히 아시아에서는 특정 음식이나 동물의 특정 기관이 최음효과가 있다는 믿음이 있다. 이런 믿음은 주로 남성의 정력 강화와 결부되어 나타난다. 음식은 성관계에서 중요한 역할을 한다. 음식은 에너지 외에도 사랑을 이어주는 역할을 한다. 남녀가 만나 데이트할 때 음식이 있다면 훨씬 활기가 넘친다. 신선한 연어요리와 달콤한 포도주의 식사. 여기에 부드러운 음악이 흐르고 은은한 조명이나 촛불이 그리고 빨간 장미꽃이 있다면 더욱 로맨스한 분위기가 만들어질 것이다. 이렇게 우리의 감각과 감정은 리비도에 중요한 요인이 된다. 실제 모습이나 상상에 의한 심리적 흥분은 우리의 신체반응에서

능동적 역할을 한다. 뿐만 아니라 맛이라던가, 접촉 혹은 냄새와 같은 육체적 흥분 역시 그러하다. 그래서 에로틱푸드가 존재하는 것이다.

앞의 섹시푸드는 건강한 성생활과 밀접한 영양소와 관련하여 보다 과학적으로 분류된 음식이라면 지금부터 이야기하는 에로틱푸드는 실제 효과보다는 외적인 모양이나 맛, 혹은 다른 특징으로 인한 분류라고 하지만, 실제로 남자와 여자의 리비도를 상승시키는 영양소나 성분이 있는 음식들도 있다.

이런 맥락의 이야기로 남성과 관련된 것은 많지만 여성에 관한 이야기로는 클레오파트라나 양귀비에 관련된 것이 전해질 정도다. 한 예로, 중국 당나라 현종의 마음을 사로잡은 양귀비는 현종과의 사랑을 영원히 유지하기 위해 영원한 사랑을 상징하는 연리지와 비목어를 생각해냈다. 연리지는 뿌리가 다른 두 나무가 서로 엉켜 하나가 된 나무를 말하고, 비목어는 외눈박이 생선으로 짝을 만나 서로 접해야만 온전한 하나가 될 수 있다는 광어(좌접어)와 도다리(우접어)가 이에 속한다. 그래서 양귀비는 광어와 도다리를 식사메뉴에 올리려는 노력을 했다.[9]

일명 바람둥이 카사노바로 알려진 18세기 이탈리아의 지롤라모 카사노바 슈발리에 드 생갈(1725~1798)은 법학박사에 종교철학자, 사제, 바이올리니스트, 연극배우, 심지어 비밀 외교관이었으며 로맨티스트였고 휴머니스트였다. 그런 그의 로맨스에는 언제나 분위기를 사로잡는 환상적인 요리들이 등장했다.[10] 사람은 음식이 주는 이미지에 의해서도 충분히 건강해지고 활기를 느낄 수 있다. 역사적으로 그런 이미지를 주는 것으로 잘 알려진 음식을 고찰해 보는 것은 흥미로운 일이다.

마릴린 몬로의 음료, 샴페인

사랑을 전하고 싶을 때 꽃과 샴페인을 준비한다. 이 정도로만으로도 마음이 설레고 콩닥거리기에 충분하다. 본래 샴페인은 프랑스 상파뉴Champagne 지방의 포도주로, 탄산가스를 배출하여 거품이 생기는 포도주다. 즉 기포가 나는 포도주라고 해서 모두 샴페인이 아니다. 프랑스 상파뉴 지방에서 생산된 기포성 포도주만이 샴페인이다. 그 외의 기포성 포도주는 스파클링 와인Sparkling wine이라 부른다.

샴페인은 분위기를 업그레이드하는 데 좋은 음료 같은 술이다. 샴페인은 축배의 술이다. 샴페인의 이런 숭고한 명성은 중세 때 비롯되었다. A.D. 496년, 프랑크 왕국의 국왕 클로비스 1세Clovis I가 샴페인 지역의 랭스에서 세례를 받았다. 그 후 역대 프랑스 왕의 즉위식이 그곳에서 거행되었고, 즉위식 후 피로연에서 항상 그 지역의 포도주인 샴페인을 마시게 되었다. 클로비스 왕과 그의 친구들이 매우 좋아했던 당시 포도주는 오늘의 것과는 사뭇 다르지만.

에로틱푸드로서 샴페인의 유혹은 아마도 성공, 화려함, 축하 등을 위해 보편적으로 사용되는 샴페인의 사회적 위치 때문이 아닐까? 즉 최음효과보다는 플라시보 효과. 오감을 즐겁게 해주는 술. 내 경험으로 보면, 사랑은 억압되었을 때 더 폭발적으로 나타난다. 단단히 봉합된 병 속에 억압된 에너지와 긴장감, 볼록한 코르크를 딸 때의 뭔가 애태우는 듯한 자극, 아님 갑작스럽게 치솟는 거품, 병을 딸 때 '뽕' 하고 내뱉는 경쾌한 소리, 이 모든 것이 사랑의 속삭임과 같은 은유적 순간이다. 샴페인을 처음 따를 때, 밤하늘의 반짝이는 별처럼 생기는 유리잔 속의 무수한 거품의 영롱함은 고요한 밤에 피어오르는 사랑 같고, 입안의 달콤함과 상쾌함은 마치 첫사랑 같다. 이 모든 게 알코올 성분과 함께 기분을 돋우고 들뜨게 하고 만다. 더욱이 말 그대로 오감을 즐겁게 해주는 술로 사랑을 고백할 때 자주 이용되는 샴페인이 말 그대로 '사랑의 음료'라는 별명을 얻게 된 것은 세기의 섹시스타 마릴린 몬로가 애음했다는 사실 때문이기도 하다. 에로틱푸드든 섹시푸드든 결국 미인이 끼면 많은 사람들의 사랑을 받는다.

또한 샴페인의 유혹은 기포가 코를 자극하여 분위기를 상승시키는 데도 있다. 포도주 양조업자이면서 향의 천연 최음효과를 연구한 막스 레이크Max Lake 박사는 드라이 샴페인의 향이 여성의 페로몬 향과 흡사하다고 했다. 이거야 개인적 취향에 따른 것이기에 이렇듯 샴페인이 성욕을 불러일으킨다거나 성기능을 향상시킨다는 확실한 과학적 증거는 없지만, 사람들은 샴페인이 리비도를 상승시킨다고 믿는다. 적어도 사랑하는 사람과 별이 빛나는 밤에 아주 깨끗한 유리잔에 맑은 샴페인을 따라 뽀글뽀글 올라오는 기포를 바라보며 사랑의 기원을 건배사로 하고 마시는 순간을 상상하는 것만으로도 행복감이 넘치는 것만은 어쩔 수 없다.

러브애플, 토마토

섹시푸드와 에로틱푸드 모두에 들어가야 마땅한 토마토는 21세기 최고의 건강식품이다. 고대 잉카제국에서 유서 깊은 강장식품으로 여겨지던 토마토를 16세기 남미에서 콜럼버스가 우여곡절 끝에 유럽으로 가지고 왔을 때, 이것을 처음 본 유럽 사람들, 특히 프랑스 사람들은 '러브 애플'이라 불렀다. 토마토는 에로틱한 열매의 조건을 모두 가지고 있었다. 가련히 흐르는 즙, 뭔가 자극적인 향, 터질 듯 야한 빨간색. 분명 이것은 색욕을 일으키는 열매였다.

그래서 유럽에서는 한때 최음제로 취급하여 청교도 혁명 이후, 토마토가 국민의 도덕심에 해를 끼친다고 하여 '토마토에 독이 있다'는 소문이 퍼졌다. 미국에서는 토마토를 '늑대사과'라고 했는데, 토마토를 먹으면 정력을 상징하는 늑대처럼 힘이 솟는다는 뜻에서 나온 말이다. 늑대 같은 남자가 되는 것이다. 사실 러브애플이든 늑대사과든 '사과'라는 이름을 붙인 것은 당시 토마토를 폄하적으로 표현한 것이었다. 그 이유는 2장 금지된 열매와 음식을 참고하자.

사실, 토마토가 정력에 좋은 이유는 영양소를 산화시켜 에너지를 생산하는 데 필요한 철분과 관상동맥질환 예방과 혈액순환에 좋은 항산화성의 비타민 A와 C가 풍부하고 신경계 기능향상을 돕는 비오틴(비타민 H)도 함유하고 있기 때문이다. 특히 비타민 A의 전구체인 베타-카로틴은 남성과 여성의 성호르몬 생산에 필수적이다. 또한 비타민 C는 활성산소와 같은 자유라디칼을 제거하여 혈액순환과 건강한 정액과 정자를 생성하는데 도움을 준다.[11]

토마토의 붉은 색소인 라이코펜은 카로티노이드 성분 중 하나로 강력한 항산화 효과뿐 아니라 뼈 건강에도 효과가 있고 최근 발견된 일명 토마토 사포닌인 에스큘레오시드esculeoside A와 할코나린게인halconaringenin은 혈소판 응집을 예방하여 동맥경화와 같은 혈관이나 심장질환의 위험을 낮춘다. 앞에서 언급했듯이 건강한 성생활의 가장 기본은 혈액순환이다. 그러므로 항산화성분이 많은 토마토는 섹시푸드라 할 수도 있다.

과부의 눈길 같은 무화과無花果

아담과 이브가 처음 수치심을 알고 자신의 몸을 가렸던 것은 무화과나무의 잎이었다. 에덴동산에 있었던 무화과는 분명 평범한 과일이 아닐 것이다. 여느 꽃처럼 활짝 피지 않고 무화과 열매 속에 숨어 꽃이 피지 않는 것처럼 보여 '꽃이 없는 열매'라는 뜻의 무화과는 이렇게 창세기에 에덴동산의 과일나무로 등장하였고, 또 그리스, 로마 신화에도 자주 등장하였다. 클레오파트라도 좋아했던 과일인 무화과는 오래 전부터 인류의 사랑을 받아왔다.

그리스 신화에 따르면, 님프 시케는 디오니소스의 애인이었다. 그녀가 죽자 디오니소스는 그녀를 무화과나무로 만들어 불멸의 생명을 주었다. 그래서 고대 그리스인들은 무화과를 다산과 사랑을 상징하여 무화과의 첫 수확이 있은 후에는 이를 경축하기 위한 특별한 성의식으로, 처녀들이 잘 익은 무화과를 담은 황금바구니를 디오니소스에게 바쳤다. 이는 많은 사람들이 싱싱하고 잘 익은 무화과를 반쪽 쪼개면, 무화과의 핑크빛 속살이 마치 여자의 음부를 닮았다고 믿었기 때문이다. 그래서인지 유럽의 에로틱 문학에서 무화과 열매 속이 여성의 성기를 의미하는 표현으로 사용되었고, 고대 그리스에서는 무화과 열매(외적)가 남성 성기를 닮았다하여 정력에 좋다고 여겼다. 남자가 발가벗고 여자 앞에서 무화과를 먹는 행동이 세상에서 가장 에로틱한 행동이라고 말한 사람도 있었다. 완전히 익은 무화과는 마치 '넝마의 누더기 옷과 과부의 눈길'을 가지고 있다는 서양의 옛말이 있듯이 뭔가 흐트러진 모양으로 간절히 유혹하는 듯 앉아있는 여자의 뒷모습 같기도 하고, 또 표면은 거칠지만 즙이 질질 흘러내리고 상처를 내면 흰 젖 같은 유액이 나오고 과육은 부드럽다 못해 끈적끈적하기 때문이다.[12] 1800년대 후반, 일본으로부터 들어온 무화과에 대해 우리나라 사람들도 뭔가 야함을 연상했는지 '처녀는 무화과 열매를 먹지 않는다.'는 민속적 금기를 만들어냈다.

어쨌든 무화과의 모양이나 부드러움 때문인지 혹은 유혹의 상징인 달콤함 때문인지, 아니면 보이지 않는 속꽃을 여성의 은밀함에 연관을 시켰는지 몰라도 무화과는 오랫동안 에로틱한 과일로 여겨진 과일 중 하나다. 17~18세기 네덜란드 그림에서도 종종 무화과를 섹시함의 상징으로 사용하였다. 시인 로렌스D. H. Lawrence는 이 달콤하고 매혹적인 과일을 여성에 비유하여 〈무화과〉라는 관능적인 시를 썼다.

(…)
모든 과일은 비밀을 가지고 있다.
석류는 아주 비밀스러운 과일이다.
그게 자라는 걸 보면, 그게 상징적이라는 것을 당장 느낄 것이다.
그것은 얼핏 남성처럼 보인다.
그러나 그것에 대해 더욱 알게 되면,
로마 사람들의 생각이 옳다고 여길 것이다.
그것은 여성이라고.
이태리 사람들에 따르면, 무화과는 요부를 상징한다.
무화과는 여음상이다.
중심을 향한 멋지고 촉촉한 이끌림,
안으로, 안으로 들어가는 자궁 같은 꽃.
(…)

자궁을 향해 안으로, 안으로 꽃 한 송이가 피어난다.

이제 그것은 잘 익은 자궁과 같은 과일이 된다.

그것은 항상 은밀하다. 그게 그렇다.

여자는 항상 비밀스러워야 한다.

(…)

여전히 사과의 신비를 고수하는 사람들조차도 무화과의 매력은 부인할 수 없다는 것을 안다. 이 부드럽고 통통한 에로틱한 과일은 피부를 상큼하고 밝게 보이도록 해주고 리비도를 상승시켜준다.

유혹의 체리(앵두)와 딸기

외국 드라마나 영화에서 보면 관능적인 여자가 남자를 유혹하는 장면에 종종 등장하는 것이 체리다. 술잔에 담겨 있는 체리 하나가 야릇한 분위기를 만들어 낸다. 그래서 여자가 술잔이나 아이스크림 위에 얹어있는 체리를 냉큼 집어먹으면 묘한 눈초리로 바라보던 시절이 있었다.

우리 문화에서는 체리와 비슷한 앵두를 연상할 수 있다. '앵두 같은 입술!' 이 말 하나만으로도 앵두가 여성의 입술을 연상시키는 에로틱푸드라고 할 수 있다. 잘 익은 앵두의 빨간색과 영롱함은 손이 저절로 올라가 따고 싶은 마음이 들게 한다. 유혹의 과일이다. '키스를 부르는 입술'이라는 말이 괜히 있지 않다. 입술은 사랑의 행위가 시작되는 지점이다. 그러므로 입술을 연상시키는 과일인 체리나 앵두는 당연 에로틱푸드가 된다.

하트모양의 딸기는 순수함과 열정을 떠올린다. 어린 아기가 입 주위에 즙을 묻히며 딸기를 먹는 모습은 너무도 천진해 보이고 순수 하다. 그런 딸기를 입에 물고 있는 영화 〈테스〉의 주인공 테스의 모 습은 순수함 외에 뭔가 다른 인상을 준다. 주인공 테스의 도톰한 입 술에 빨간 딸기는 뭇 남성들을 흥분시키기에 충분히 매력적이었다.

비타민 C의 보고인 딸기 역시 체리나 앵두처럼 관능적이다. 상 대의 입술로 흐르는 딸기즙 장면 역시 영화에서 보는 일은 그리 어렵 지 않다. 심장 모양의 딸기의 빨갛고 달콤함과 어우러진 초콜릿 혹은 하얀 생크림은 사랑의 분위기를 자아내기에 충분하다.

딸기는 하트 모양과 빨간색 때문에 고대 로마 이후로 성욕을 일 으키는 로맨틱 과일로, 사랑의 여신 비너스의 상징이었다. 실제로 프 랑스의 시골에서는 신혼부부에게 허니문 로맨스 분위기를 촉진하기 위해 시원한 딸기수프를 주는 전통이 있다. 그래서일까? 딸기는 문학 이나 그림에 종종 등장한다. 셰익스피어의 〈오셀로〉에서도 오셀로가 아내 데스데모네에게 준 하얀 손수건의 딸기 무늬는 아마도 사랑의 전달이 아니었을까?

고추 먹고 맴맴

우리나라에서는 아기가 탄생하면 대문에 금줄⬚을 친다. 악귀가 집안에 들어오지 못하게 하여 아기를 보호하고자 하는 마음의 표현 이었고, 집안을 드나드는 사람들에게 미리 조심하라는 경고의 메시

지이기도 했다. 그런데 아기가 사내아이인 경우에는 숯과 빨간 고추를 꽂고, 계집아이의 경우에는 숯과 작은 생솔가지를 꽂는다. 그런데 지방마다 약간의 차이가 있지만, 사내아이가 태어나면 고추를 매다는 것은 거의 절대적이다. 고추의 의미는 남성을 상징한다. 왜 그런지는 이 글을 읽는 누구나 짐작하기에 굳이 설명하지 않아도 될 것이다. 그래서 고추는 에로틱푸드가 될 수 있다. 그리고 고추의 붉은 색이 양의 색으로 악귀가 가장 무서워하는 색깔이라고 해석하는 사람도 있지만 아마도 양기를 상징하기 때문일 것이다. 동양에서 양기는 남성의 힘을 나타내는 표현이기도 하니 사내아이가 남자답게 성장하기를 바라는 마음이 들어갔다고 본다.

> **금줄** 금줄에 사용되는 짚은, 농경 사회가 근간인 우리 사회에서 쌀을 맺게 하는 줄기로 힘을 상징하고, 흰 종이는 밤에도 눈에 잘 띄게 함과 동시에 화폐를 상징하는 것으로 아기의 재운을 기원한다. 솔가지는 상록색의 불변의 기운을 상징하고 숯은 모든 것을 정화시키는 것으로 악한 기운을 예방하고자 하는 뜻이 담겨있다.

고추의 매운맛은 짜릿한 쾌감을 준다. 그 매운맛은 실제로 '맛'이 아니라 혀의 고통이다. 우리 몸은 고통을 느끼면 그 고통을 잊기 위해 엔돌핀이라는 몰핀 성분을 분비한다. 그 때 우리는 황홀감을 느낀다. 이 때문에 마치 매운 음식을 먹으면 스트레스가 풀리고 기분이 좋아지는 것처럼 느껴진다. 우리 사회가 이렇게 매운맛에 열광하는 것은 아마도 삶에 대한 불안감에서 오는 고통이나 우울함 때문인지 모른다. OECD 국가 중 직장인 스트레스가 가장 높은 나라가 바로 우리나라다. 그런 나라에 사는 우리가 강한 매운맛에 반복적으로 노출시키는 것은 어쩌면 당연한 일인지도 모른다. 잠시나마 고추에서 비롯한 엔돌핀에서 오는 쾌감을 느끼기 위해서. 엔돌핀은 분위기를 편안하게 하면서 에너지를 활기차게 만들어준다.

한방에서 고추는 매우 맵고 그 성질은 대단히 따뜻하여 많이 먹으면 화*가 동한다고 한다. 그러나 무엇보다 고추는 그 생김새가 남자의 생식기와 비슷하다고 하여 양기를 북돋는 음식으로 본다. 영국에서는 매운 고추 먹기는 남성적 성향을 드러내는 것으로 인식하여 요즘 많은 남성들이 매운 음식에 도전하는 분위기가 일고 있다. 이것도 은연중에 고추의 생김새에서 비롯된 경향이 아닐까?

고추 속에는 비타민류와 무기질 성분이 많이 들어있다. 그들 중 비타민 C는 사과나 귤보다 더 많이 들어있다. 더욱이 고추 속의 비타민 C는 캡사이신 때문에 쉽게 산화되지 않아서 조리하는 동안에도 손실이 적다. 한편 고추의 색은 수십 종의 색소와 어울려서 나타나는 천연의 빛깔로 식욕을 돋울 뿐만 아니라 고추의 중요한 색소의 하나인 카로틴은 우리 몸속에서 비타민 A로 바뀌어 좋은 공급원이 되기도 한다. 이 외에도 고추에는 비타민 E가 많이 존재한다. 영양 면에서 어느 채소에 뒤지지 않는다.

멕시코 아즈텍 최후의 황제인 몬테수마Montezuma는 연인을 방문하기 전에 자신의 혀를 춤추게 하고 심장박동을 자극하기 위해 초콜릿을 마셨다는 것은 널리 알려진 이야기다. 그는 초콜릿의 효능을 강화시키기 위해 고추를 첨가했다고 한다. 화끈거림을 일으키는 고추(캡사이신 성분)가 혀를 자극하고 입술을 도톰하게 부풀려 키스를 불러일으킨다고 믿었기 때문이다. 이 외에도 많은 문화에서 고추는 특히 고추의 열정적 빨간색과 고추를 먹고 났을 때의 신체반응 때문에 성적 각성효과가 있는 것으로 믿어졌다. 우리나라에서는 고추 먹고 맴맴이라고 했던가!

화가들이 사랑하는 복숭아와 살구

중국인들에게 살구와 복숭아는 관능을 상징하는 과일로 통한다. 이는 통통하고 달콤한 향 때문이다. 중국 사람들은 복숭아를 성숙한 성적 매력과 관련하여 생각했다. 복숭아의 상기된 붉은 뺨과 같은 색깔, 부드러운 솜털이 나있는 껍질, 즙이 물씬 흐르는 과육, 그리고 향기로운 냄새는 수줍은 젊은 여인을 연상시키기에 충분하였으며 자연스럽게 손이 가게 만들었다. 호주의 원주민들은 복숭아의 축소판과 같은 살구를 최음음식으로 사용하였다. 살구씨는 차로 끓여 마셨고, 과육은 구혼자의 성감대에 바르는 향수로 사용하였다.

마네Eouard Manet를 유명하게 만든 그의 그림 〈풀밭 위의 점심 Dejeuner sur L'Herbe〉을 보면, 먼저 정장을 잘 차려입은 두 남자와 그 옆에 벌거벗은 아름다운 여자가 눈에 뜨인다. 그리고 여유를 두고 보면 그 여자가 감각적인 소풍을 위해 준비해온 여러 과일 중에 잘 익은 복숭아가 보일 것이다. 미술 수업에서 그의 그림은 자연과 인간을 조화시켰다고 배웠지만, 마네는 그림에 여자의 살갗을 연상시키는 복숭아와 벌거벗은 여인을 그려 넣음으로 더욱 관능적이고 자극적으로 만들었는지 모른다. 영국 빅토리아 여왕 시대에는 멋진 냅킨에 놓인 신선한 복숭아가 없으면 식사가 끝난 것이 아니었다. 어쩌면 마네는 별 생각 없이 점심을 잘 마무리하는 과일로 복숭아를 택했을지도 모르지만, 그림에서의 복숭아는 탁월한 선택이었다.

또한 장 시메옹 샤르뎅의 〈뷔페〉에서도 테이블 위에 탐스러운 복숭아가 그려져 있다. 당시 서양에서는 과일, 특히 복숭아와 딸기 같은 과일은 육체의 이미지와 연계하여 성적 욕망과 관련시켰다. 그러

사향 사향은 수컷의 사향노루의 복부에 있는 향낭에서 얻은 분비물을 건조해서 얻는 향료로 생약의 일종으로 사용함

기에 그림 속의 복숭아는 유혹인 것이다. 실제로 18세기 계몽주의 이후 많은 화가들은 싱그러운 과일을 젊고 탐스러운 여자의 육체를 암시하는 경향이 있었으니 과일 중 에로틱함을 나타내는 과일 중 하나로 복숭아를 선호했던 것 같다. 마네나 샤르뎅의 그림 외에도 복숭아 그림을 찾기란 그리 어렵지 않다.

살구는 과일로는 독특하게 주황색이다. 앙증맞게 작은 살구는 향도 좋다. 이 향을 사향◻ 냄새 같다고 하는 사람도 있다. 강렬한 붉은 유혹은 아니어도 살구의 색과 향, 그리고 하나쯤 손에 쥐고 싶은 조막만한 크기는 유혹을 일으키기에 충분하다.

이 많은 고대 사람들이 왜 살구를 신비롭게 여겼는지는 확실하지 않지만, 이것은 예부터 노란색 과일은 성욕과 생식력을 촉진한다고 믿었기 때문이다. 그래서 유럽에서 살구는 오랫동안 성욕을 촉진하는 식품으로 여겨왔다. 그런 맥락으로 셰익스피어는 『한여름 밤의 꿈』에서 살구를 사용했을 것이다. 요정의 여왕 티타니아는 마법의 꽃 때문에 사랑하게 된 보텀에게 살구와 듀베리를 먹이도록 요정들에게 명령한다. 실제로 오늘날 우리는 매혹적으로 부드러운 이 작은 과일이 미용에 좋은 항산화성분인 베타-카로틴(노란색)과 비타민 C 그리고 섹스 비타민인 비타민 E가 풍부하다는 것을 알고 있다.

"나의 살던 고향은 꽃피는 산골. 복숭아꽃 살구꽃 아기 진달래~" 이제 많은 사람들에게 고향이라는 개념이 많이 사라져가는 시대여서인지 요즘 살구를 보기란 쉽지 않다. 내가 사는 아파트에는 다행히도 복숭아꽃과 살구꽃이 매년 봄을 알린다. 노란 살구열매가 기다려진다.

남편만 주고 싶은 상추

상추를 에로틱푸드에 넣다니! 좀 의아해하는 사람이 많을 것이다. 상추쌈을 먹는 모습은 그리 아름다울 것도 아니고 게다가 많이 먹으면 잠이 온다고 하지 않았나? 그런데 우리의 옛 어른들은 상추를 '은근초'라고 했다. 상추를 남몰래 심어 남편에게 먹였다고 해서 나온 이름이다. 그렇다면 상추가 섹시푸드에 들어가도 되지 않을까? 지금은 듣기 어려운 말이지만 "고추밭에 상추 심는 년."이란 말이 있었다. 색을 밝히는 음란한 여자를 욕하는 말이다. 아주 원색적인 표현이다.

그런데 왜 상추가 에로틱푸드가 될 수 있을까? 아무리 봐도 야한 구석이 없는데. 상추를 직접 따본 사람이라면 그럴 수 있겠다 싶을 것이다. 상추의 잎을 톡 따면, 줄기에서 하얀 즙이 나온다. 이 액체가 정액을 연상시켜 남자의 정력에 좋다고 믿었기 때문이다. 그렇다면 고추밭에 상추를 심으면 어쩌자고.

재미있게도 서양이나 동양이나 상추에 대해 시선이 비슷하였다. 고대 이집트 사람들은 성욕을 높이기 위해 상추를 먹었다고 한다. 그래서 상추는 풍요와 섹스의 신인 민Min에게 제사를 지낼 때 제물로 바쳤다. 이 신은 보통 깃털 관을 쓰고 있으며 발기상태의 거대한 남근을 특징으로 묘사되었다. 이 모든 게 상추의 하얀 즙에서 비롯된 생각이었다.

상추의 하얀 즙에는 락투세린lactucerin과 락투신lactucin이라는 성분이 있는데, 진정효과가 있다. 그래서 상추를 많이 먹으면 잠이 온다는 말은 근거가 있는 말이다. 그러니 고대 이집트 사람들의 생각과는 달리 상추를 많이 먹으면 밤의 역사가 이루어질 리 없다. 실제로 영국의 엘리자베스 1세는 도덕과 절제를 강조하던 여왕이었지만, 기혼자들이 상추를 매일 많이 먹으면 아이를 적게 낳는다고 걱정하여 상추에 대한 경고의 글도 남겼다. 의학의 아버지인 그리스의 히포크라테스는 이 즙을 아편과 같은 효과가 있다고 했다. 실제로 네로황제 군의관이었던 디오스코리테스 페다니오스Dioscorides Pedanios는 군인들을 수술할 때 이 즙을 이용했다고 한다.

같은 상추를 놓고 서로 상반된 의견을 가지고 있는 것에 관심을 가진 이탈리아 민속식물학자 사모리니Giorgio Samorini에 따르면, 섭취량에 따라 다른 효과가 나타난다고 했다. 상추를 적절히 먹으면 진정효과가 나타나지만, 아주 많이 먹을 경우, 이 즙의 한 성분인 트로판 알카로이드(일종의 코카인 성분)가 작용해 행복감과 희열, 성적 흥분을 이끌어낸다고 했다.

예로부터 우리 민족은 쌈을 싸서 먹는 것을 '복'을 싸서 먹는 것으로 여겨, 쌈을 싸서 먹으면 '복'이 온다고 믿었다. 그래서 더욱 쌈을 즐겼는지 모른다. 쌈채소의 대표 격인 상추는 우리 역사 속에 짠한 이야기를 남겼다. 중국을 통해 삼국시대에 우리나라로 유입된 것으로 보는 상추는 우리나라에 들어와 품질이 개량되어 다시 중국으로 역수출되었다. 즉 고려 말 원나라의 부마국이 되면서 고려의 여인들이 궁녀로 갔는데 그들은 고국에서 가져간 상추씨를 왕궁의 뒤뜰에 재배하여 먹으면서 고국의 향수를 달랬다고 한다. 세상에서 절대 잊을 수 없는 것은 고향의 맛이다. 먼 타향에서 그것도 본인의 의지와는 상관없이 가게 된 먼 나라에서 문득, 문득 떠오르는 아련한 향수를 달래기 위해 뒤뜰에 심어놓은 상추로 같은 처지의 어린 여인

네들이 모여서 함께 음식을 나누었을 장면을 상상해보면 정말 마음이 찡하다. 어쨌든 그 때 우연히 쌈밥을 먹게 된 원나라 사람들도 상추쌈을 즐기기 시작했다 하니 또 다른 애국(?)이라고 해야 하나? 중국의 고서인 『천록지여』에는 "고려의 상추는 품질이 좋아서 고려 사신이 가져온 상추씨앗은 천금을 주어야만 얻을 수 있다고 해서 천금채千金菜라 한다."고 했다. 위에 나열한 에로틱푸드 외에도 고추, 바나나, 총각버섯 등 많은 음식이 이에 속한다. 그러나 에로틱한 음식 중에서 가장 노골적인 것은 'minni di virgini', 즉 '처녀의 젖꼭지'라는 뜻의 이태리 빵으로, 여자의 가슴 모양을 한 커스터드 위에 설탕절임한 체리를 젖꼭지처럼 얹어 놓은 빵이다.[13]

세상을 살아가는데 섹스는 자연적 현상이다. 그래서인지 사람들은 성에 관심이 많다. 먹는 것 역시 본능이자 삶을 영위하기 위해서는 반드시 이루어져야 할 행위다. 그래서인지 성과 음식을 연계해서 바라보는 문화를 찾기란 그리 어렵지 않다. 그러나 이 시대는 더 이상 생명유지를 위해 먹는 행위를 하지 않는다. 우리는 언젠가부터 웰빙을 외치며 건강한 신체를 위해 좋은 음식을 먹고자 하는 사회적 분위기가 자리 잡았다. 웰빙의 한 부분으로 성생활을 빼놓을 수 없다. 카사노바가 말했다. "웰빙, 즉 심신의 건강을 위해 요리를 즐기듯 사랑을 나누고, 사랑을 나누듯 음식을 즐기며 달콤한 대화와 몸짓을 소스와 양념으로 추가하라"고.[14]

이 글은 이처럼 건강하고 행복한 삶을 위해 음식과 성생활을 연계해 고찰하였다. 다시 말해 건강하고 행복한 삶을 위해서는 우선 오장육부가 왕성하게 활성화되어야 한다. 그러나 연료가 없으면 자동차가 움직이지 않듯이, 우리 몸은 연료인 적절한 음식이 필요하다.

그리고 정력이란 살아가는 데 있어 필요한 생명의 에너지다. 이 에너지는 기본적으로 몸의 건강과 뇌의 활동과 생식활동의 유지에 사용된다. 그래서 정력을 유지하기 위해 가장 쉬운 방법은 음식으로부터 도움을 받는 것이다. 그러한 이유로, 색다른 정력음식에 대한 강한 욕구는 전 세계적으로 보편적이다. 중동지역에서는 고래점액이 인기가 좋고, 말레이시아는 방울뱀의 피를, 일본 사람들은 복어의 고환을 정종에 담가 먹는다. 고대 로마 사람들은 도마뱀의 다리를 좋아하였다. 우리나라에서는 해삼이나 숫총각버섯, 개불 등이 있다. 이러한 것들이 러브엔진을 상승시키는 것으로 여겨지게 된 이유는 상상에 맡긴다.

앞에서 살펴보았듯이, 사람들이 정력에 좋다고 여기는 음식들은 실제 과학적으로 증명되기도 했지만 대개 모양에서 비롯된 것들이 많다. 성과 이런 음식은 둘 다 관능적인 모양이나 촉감이 흡사하다는 점에서 관계를 맺고 있다. 그러나 제대로 된 마음자세를 가지고 있다면 어떤 음식도 에로틱할 수 있다. 기꺼운 마음으로 식사를 준비한다거나 도와주는 것만으로도 상대를 자극할 수 있다.

사랑하는 사람과 함께 하는 음식은 그냥 입으로만 들어가는 물질이 아니다. 서로의 마음의 교환이다. 서로에 대한 배려다. 그런 과정에서 먹는 음식은 건강한 몸과 정신을 만들어 활력 있는 삶을 만든다. 그래서 음식은 사랑이 된다.

사랑하다 = 먹다

섹스sex는 라틴어 'sexus'에서 유래된 것으로 '자르다' '분리하다'란 동사의 파생어다. 이 말은 태어나 엄마로부터 탯줄이 '잘리면서'부터 남자 혹은 여자라는 성으로 자연스레 '분리'된다는 뜻이다. 그리고 서로 반대되는 N극과 S극이 짝을 이루려고 하듯이 혹은 (+)전극과 (-)전극이 서로 연결되어야 전기가 흐르듯 이렇게 '분리된' 남자와 여자는 서로 짝을 이루려고 하는 것은 당연한 본능이라고 하겠다. 또한 먹는 것 역시 본능이자 삶을 영위하기 위해서는 반드시 이루어져야 할 행위다. 뭔가 두 행위 사이에 공통점이 나올 징조가 보인다.

독일의 정신 의학자 크라프트 에빙Freiherr von Krafft Ebing에 따르면, 배고픔과 사랑이 이 세상 모든 일을 지배한다고 한다. 좀 과장된 주장이지만 어느 정도는 수긍이 간다. 그에 따르면, 우리 인간에게 음식과 사랑이 삶의 질을 결정한다고 볼 수 있다. 흥미롭게도 생리학적으로 식욕과 성욕을 관장하는 영역은 뇌의 부분 중 변연계에 함께 있다. 그렇다. 이것만으로도 두 욕구가 서로 밀접한 관계에 있을 수 있다는 추측이 나온다. 그래서인지 많은 문화에서 성 행위를 은유적 표현으로 먹는 행위에 빗대어 나타낸다. '사랑을 먹고 산다' 혹은 '섹스하다=먹다'라는 등식을 사용하는 문화는 우리나라 외에도 전 세계적으로 흔히 있는 일이다. 이것은 분명 먹는 행위와 성 행위 모두가 외부물질이 신체의 경계면을 지나 몸속으로 합체되는 행위이기 때문이다. 그러므로 음식과 섹스를 서로 연관해서 보는 것은 흥미로운 시도라 하겠다. 아마도 이런 관계 때문에 〈처녀들의 저녁식사〉라는 영화도 나올 수 있지 않았나 싶다. 이 영화는 각기 다른 성격과 다른 직업을 가진 세 여성의 섹스와 남자에 대한 성 담론을 정면으로 펼쳐 보인 영화로, 비록 여자는 성에 대해 소극적이고 수동적이라는 사회적 통념을 깨고 변화된 시대 상황을 반영하고자 했지만, 결국 제목에서 저녁식사(음식)와 섹스를 연계하고 있다.

지그문트 프로이트Sigmund Freud는 성과 음식을 연계해서 연구한 선구자였다. 그는 모든 사람들이 엄마의 젖꼭지를 빨기 시작하면서 성과 먹는 것에 대한 스릴을 동시에 경험하게 된다고 믿었다. 이렇듯 섹스와 음식은 서로 관련이 깊다. 우선 이 둘은 인간의 본성에 해당한다. 자손을 번식하고자 혹은 즐거움을 얻고자 섹스를 하고, 생존을 위해 그리고 즐거움을 위해 음식을 먹는다.

음식과 섹스에 대한 열망은 인간의 가장 기본적 욕구로, 그와 관련된 문제들을 제대로 해결하지 못하면 엄청난 고통과 비극을 낳을 수 있다. 즉 이 두 기본적 욕구가 지나치거나 충족되지 않으면 개인적 행복은 물론 사회적 혼란을 일으킬 수 있다. 인간사회가 산업적으로 더욱 발전할수록, 음식과 섹스의 의미는 더욱 커진다. 현대사회에서 섹스와 음식이 주요한 관심사에 속하는 것은 분명하지만 껄끄러운 이슈인 것도 사실이다. 그러기에 우리는 성별에 따른 음식과 섹스에 대한 기존의 인식을 고찰해보고 원만하고 조화로운 인간관계와 사회를 제대로 이끌어갈 수 있는 올바른 인식을 정립할 필요가 있을 것이다.

많은 문화에서 음식 속에 내재된 의미의 가장 중요한 영역의 하나는 성 개념과 성욕 사이의 관계에 집중되어 있다. 그래서 많은 문화에서 성 행위를 은유적 표현으로 먹는 행위에 빗대어 나타낸다. 예를 들어 남자는 여자와 성관계를 했을 때 '먹었다'는 표현을 사용한다. 여자를 음식으로 본 것이다. 그런 예는 실제로 현대사회에서 넘쳐나는 광고에서 찾아볼 수 있다. 우리나라의 모 음료 광고에서 "따먹는 재미가 있다." "오빠도 좀 따먹어 보면 안 되겠니?"하는 대사를 남녀가 주고받는다. 또 모 과자 광고에서는 "벗겨도, 벗겨도 변함없고, 먹어도, 먹어도 깊은 그 맛."이라고 외친다.

사실, 먹는 행위와 성행위는 모두 생명과 성장에 절대적이고, 그에 대한 본능은 비슷하다. 구강 혹은 성적 만족은 평생 연관된다. 먹고 섹스 하는 것은 친밀감을 수반하기 때문에 사회적 연결고리를 만들고 사회적 결합을 상징할 수 있다. 쉽게 말해, 남녀가 만나 서로의 친밀감을 쌓아가는 데는 음식이 매개체가 될 수 있다. 옛말에 함께 '먹고' 자야 친해진다는 말은 남녀관계에서 더욱 그러하다. 그런 면에서 결혼은 아주 적합한 관례라 할 수 있다. 그러나 자연스럽지 않은 상태에서 혹은 신뢰할 수 없는 사람들 사이에서의 그런 관계는 위험이거나 위협일 수 있다. 그러므로 음식과 섹스는 여러 관례와 금기가 있기 마련이고, 이런 금기와 관례는 음식과 섹스의 사용을 통제하여 사회질서의 기본이 되는 믿음을 강화한다.

여성과 음식
▶

음식은 문화를 들여다 볼 수 있는 창문이고 음식은 모든 문화적 현상과 연결되어 있다. 그러한 맥락을 연구한 코니한Counihan은 음식을 만들고, 먹고 그리고 그 음식에 관한 생각이 문화, 종교적 믿음 혹은 희귀성 등에 따라 다양하며 오랜 시간에 걸쳐서 형성된다고 했다.

그래서 음식은 당연히 생존도구이지만 문화의 척도이기도 하다. 음식을 준비하는 일, 그 음식을 섭취하고 나누는 일련의 행위들은 사회의 결속력과 문화형성을 위한 일이기도 하다. 우리나라에서는 얼굴 예쁜 여자와는 1년이 행복하고, 착한 여자와는 10년이 행복하고, 요리 잘하는 여자와는 평생이 행복하다는 말이 있다. 이 말 속에는 남자를 위해 음식을 만들어주는 여자의 역할의미를 암시한다. 이 말의 의미가 언제까지 유효할지 모르지만 아직까지는 어느 정도 유효하다.

어머니들이 가족을 위해 음식을 만드는 일은 사랑과 희생이며 그 속에는 자기존재감을 표현하는 하나의 방법이고 파워이다. 이에 대해 현대사회구조에서는 많은 이견이 있지만 많은 어머니들이 자식을 독립시키고 자신의 역할이 사라지면서 인생의 허무함을 느낀다. 그러나 그 자식들이 집에 오면 가장 먼저 하는 일이 자식을 위해 음식을 만드는 일이다. 그리고 그 자식들이 자신이 만들어 준 음식을 먹는 것을 보며 행복감을 느끼는 것은 자신의 존재적 가치를 느끼는 순간이 된다.

하지만 여자가 행복하지 않다면 그녀의 손에 의해서 만들어지는 음식은 이제 사랑이 아니지 않을까. 그렇기에 그 음식을 먹는 것 역시 결코 행복이 될 수 없다고 본다.

자신의 의지를 표현하기 위해 청소년들이 가장 쉽게 사용하는 방법이 음식거부다. 그러나 일부 여자들에게 음식거부는 강력한 자아표현 방법 중 하나다. 정신이 신체를 지배한다는 서양문화에서 그들은 하위에 해당하는 신체와 직결되는 음식을 거부함으로써 자신의 종속성, 하위성과 맞싸우면서 자신의 목소리를 찾는다. 역사 속에서 극단적 단식을 하는 서양 여자들의 공통된 특징은 출산능력과 여성스러움을 나타내는 성적 특징의 거부다. 이것은 생명의 근원이며 유혹의 근원인 신체에 대한 기독교적 사람들의 양면적 태도, 즉 신체와 정신의 분리개념에서 비롯되었다고 본다. 단식하는 여자들은 월경이 멈추고 여성스러운 몸의 곡선이 사라진다. 그리고 사람은 굶주리면 성욕이 없어진다. 먹는 것을 그만둔다는 것은 성생활을 포함한 모든 시작단계의 거절을 상징한다. 식욕과 성본능, 즉 입과 여성의 성기는 상징적으로 서로 연결되어 있다. 음식에 대해 입 다무는 것은 섹스에 대해 성기를 닫아버리는 것을 상징한다. 많은 연구에서 섹스혐오증을 가진 사람에게서, 특히 여자에게서 거식증을 발견할 수 있는 이유도 이 음식과 섹스 사이에 서로 밀접한 관계가 있음을 보여주는 예라할 수 있다. 오늘날 대부분의 전문가들은 거식증의 10명 중 9명이 여자라고 한다. 그들은 음식을 먹지 않고 월경이 멈추고 가슴이 없어지는 것을 기뻐한다.

또한 현대사회에서 다이어트라는 형식의 음식거부를 통해 얻은 날씬함은 통제의 상징이기에 음식억제는 개인적인 매력, 도덕적 우월감, 높은 사회적 위치를 얻는 통로로 여기기도 한다. 이런 현상은 특히 현대사회에서 많은 사람들의 선망의 직업에 속하는 연예계에서 더욱 두드러진다. 어찌 보면 이것은 의도와는 상관없이 사람들로 하여금 여자들의 신체를 평가하도록 만들어 여자를 대상화시키는 계기를 만들 수 있다. 그래서 때때로 일부 여자들이 자신의 음식거부를 자아개념 표현수단으로 사용하는 하는 것은 개인적으로 혹은 사회적으로 우려되는 현상이다.

음식과 성차별

역사를 보면, 먹는다는 것은 삶 전체를 통해 성적 경험 혹은 성차별의 경험이었다. 문제는 항상 남성 우월적 의식이었다. 특히 기독교 중심의 서양에서 여자는 우리 인간을 에덴동산에서 쫓겨나게 만든 장본인으로 부정적 시선으로 바라본다. 그런 시선의 서양문화는 우리나라를 비롯하여 세계 많은 문화에 영향을 주었다. 그리고 여자는 남자의 갈비뼈로 만들었다는 기독교적 인식은 여자를 남자의 하위계층으로 바라보도록 만들었고 그런 인식은 여자들의 먹는 행위에도 반영되어 나타나게 만들었다. 그렇다면 동양은 어떨까? 여성들이 일 년 내내 집안일을 돌보고 텃밭을 가꾸는 등 많은 노동력을 제공한다 하더라도 노동력을 집중적으로 필요로 하는 농업, 특히 쌀농사를 하는 문화에서는 여성이 남성에 비해 낮은 위치에 머무른다. 모내기에서 수확에 이르기까지 몇 개월 동안 남성의 육체적 힘은 주식을 생산하는 논농사에 중요한 역할을 했다. 결국 음식소비의 주도권은 남성에게 넘어갔다. 심지어 의례활동에서도 여자들은 음식을 만드는 보조적 역할을 했다.

이전에 생산력으로 판가름하던 남녀의 위치는 현재 어느 정도 평등한 위치에 왔다고 하지만, 많은 경우 여자들의 인기와 매력은 남자들에게서 받는 관심으로부터 판가름된다. 먹는 행위에 대한 생각은 가족, 주변 사람들, 대중매체 등을 통해 배운 기준과 가치를 반영하고 있다고 하지만, 특히 대중매체에 쉽게 노출되는 젊은 사람들 사이의 남녀관계의 로맨스 문화는 아직도 여자들을 하위적인 사회위치를 위해 준비시키고 강화시킨다. 아예 여자의 매력을 남자로부터 좋

은 대접을 요구할 수 있는 여자의 능력으로 보는 사람도 있다. 실제
로 여자의 매력의 절대적인 결정요인은 "날씬함"이라는 사고가 대학
생들에게서 얻은 많은 데이터로부터 분명히 나타났다. 결국 남자들
에게 매력적으로 보이기 위해 날씬해지려는 여학생들의 바람은 성별
계층화에서 남자들 밑으로 즉 자신들의 하위위치를 강화하는 것이
다. 그러면서도 그들은 같은 여자들 사이에서는 보다 높은 위치를 주
장한다.

산업사회를 거쳐 여자나 남자 모두 동등한 생산 활동과 사회적
역할을 담당하고 있는 현대사회에서는 상황이 많이 변했음에도 불
구하고 여전히 음식은 여성이 생산하고 남성이 주도적으로 소비하
는 남녀 불평등의 관념이 존재하고 있다. 심지어 여성을 음식과 같은
'먹는 대상'으로 여기게끔 유도한다거나 여자를 하위계층으로 유도
하는 광고를 찾는 것은 그리 어렵지 않다. 한 예로 "김치가 짜다. 사
랑이 식은 게지." 몇 년 전 모 김치냉장고 광고에 나온 말이 있다. 음
식을 사랑으로 보았다. 좋다. 그러나 동시에 여자는 음식을 만들어
주고 남자는 음식을 평가하는 위치를 가지고 있다. 기독교적 사고에
서 이것은 아담에게 선악과를 먹인 이브에 대한 처벌이라고 보는 사
람도 있다. 그러나 나는 반대로 음식을 만드는 것을 차라리 권력으로
보고 싶다. 이것은 집밥 즉 엄마의 맛을 그리워하는 사람이 있는 한
그럴 거라고 본다. 그렇지만 이제는 더 이상 음식을 만드는 일과 그
것을 먹는 일은 남성, 여성 어느 한편의 것이 아니고 서로 도우며 함
께 해나가는 즐거움이 되어야 한다.

위에서 살펴보았듯이 일상적인 음식과 음식섭취는 우리의 성 이
미지에 영향을 준다. 모든 문화에서 남성다움과 여성다움은 특정 음

식과 관련되어 있다. 살이 쪘다는 것을 다산의 생식력과 힘 좋은 양육능력, 사랑과 연관해서 통통하게 살찐 여자를 선호하는 문화도 있지만, 아담스Adams C. J.(1990)에 따르면, 서양의 영향을 받은 많은 문화에서는 일반적으로 축축하고 부드럽고 번식력이 뛰어나고 성장이 빠른 음식은 여성과 연관시키고, 뜨겁고 건조하고 딱딱하고 번식력이 없고 성장이 느린 음식을 남성과 연관시킨다. 즉 샐러드나 치킨, 요거트 등과 같은 가벼운 음식을 여성과 연관시키고, 쇠고기, 감자 등과 같은 투박한 음식을 남성과 연관시키고 있다. 그리고 여자가 더욱 쉽게 살이 찌게 되는 생물학적 특성을 가지고 있음에도, 적어도 식탁에서 남자들은 여자들에게 "너무 많이 먹는다." 혹은 "너무 뚱뚱하다."고 말함으로써 여자를 모욕하고 여자 위에 군림하려 한다. 언젠가 미국 대학생들을 대상으로 한 연구에서 놀랍게도 성별에 따라 음식을 먹는 태도와 먹는 양을 달리 함으로써 성차별과 계층구별이 끊임없이 유지되고 있음이 밝혀졌다. 심지어 남자들은 원하는 것은 무엇이든 먹을 수 있고 여자들이 먹는 것까지도 대신 정해줄 수 있는 파워를 가지고 있다고 느끼는 남자도 있었다. 여자들은 남자들이 있는 곳에서 음식을 먹는 것에 신경을 쫑긋 세운다. 데이트 중에도 '돼지'로 평가되지 않기 위해서 여자들은 맛있는 음식이 나와도 맘껏 먹지 못하고 먹는 즐거움을 거부한다. 이런 상황에서 아이러니하게 날씬한 몸매에 대한 예찬은 남자들은 물론이고 여자들 스스로도 의식하지 못한 채 남자와 여자의 차별에 익숙해가고 또 더욱 적극적이고 당연하게 이를 채택한다. 이것은 현대사회에서 많은 여자들이 날씬한 몸으로 많은 부와 파워를 획득할 수 있기 때문이다. 그러므로 일부 여자들은 음식을 끊음으로 자신을 부정하고 체중을 감소하여 생명을 위협하는 거식증이라는 극한 상태에 달하기도 한다. 즉 자신의 신체를 음식으로부터 폐쇄적으로 만들면서 자신의 파워와 정체성을 얻으려고 애쓴다. 남녀 평등성이 아무리 실현되고 있다 해도 결국 신체가 사물이나 상품과 같은 대상으로 인식되는 한, 남성우월주의가 존재한다.

이 외에도, 남자는 이성과 사랑을 나누는 생각, 맛있는 음식을 마음껏 먹는 생각을 자주 하며 이러한 사실을 스스럼없이 밝히고, 성욕이 강할수록 긍정적 자아를 가지는 경향이 있다. 반면에 여자는 요조숙녀처럼 보이기 위해 성욕을 억제하고 이성과의 사랑생각, 음식생각을 남자 못지않게 하면서도 남들의 이목을 생각해 실제보다 줄여서 드러낸다. 즉 여자는 성문제, 다이어트에 대한 고정관념 때문에 본능적인 연상도 솔직하게 드러내지 않는다. 여성들보다 남성들이 성에 대해 더욱 적극적이다 보니 남성들은 자신의 성적 활성을 위해 정력에 좋다는 음식을 찾아먹는 데도 개방적이다.

그러나 우리가 문명화되었다고 여기는 산업사회와는 달리, 남녀의 계층화가 되어 있지 않은 뉴기니와 아마존 부족사회에서, 남자와 여자는 상호보완적으로 그리고 자율적으로 음식과 성교를 통해 서로의 신체를 침투할 수 있고 서로 반대되는 성의 역할의 중요성을 인식하고 존경하며 성평등을 갖는다.[15] 남아메리카 아마존의 메이나쿠 Mehinaku 원주민들 사이에서, '섹스하는 것'은 글자 그대로 '최대로 배부를 때까지 먹는 것'으로 표현된다. 그들의 본질적 사고는 한쪽 성의 생식기는 다른 상대 쪽 성의 '음식'인 것이다.[16] 즉 상호보완적이다. 반면에, 성에 있어서 남녀 간의 차별은 문명화된 사회일수록 더욱 명확하게 나타났다. 한 예로 미국을 비롯한 서구식 교육을 받은 사회에서는 여자의 신체는 남자보다 더욱 상처받기 쉽다는 견해를 가지고 있다. 이런 견해는 남자와 여자 사이의 계층관계의 원인이 되고 육체적으로 날씬한 여자의 몸매에 대한 예찬으로 표현된다. 그래서 일부 여자들은 자율성과 완전함에 있어 자신들의 독자성과 파워 실현 확립의 필요성을 음식, 섹스, 그리고 출산의 거부로 보여준다.

따라서 남자와 여자 사이에 서로 주고받는 상호침투성을 인정하고 정치적, 경제적, 사회적, 그리고 성적으로의 상호보완을 위해, 그리고 남자와 여자의 융합을 위해 서로 노력할 필요가 있음을 깨달아야 한다.

2장
금지된 열매와 음식

신대륙에서 건너온 것 중에
악마의 저주와 신의 혜택이 있는데,
전자는 담배이고 후자는 감자이다.

—요한 볼프강 폰 괴테 Johann Wolfgang von Goethe

우리 인생 자체는 먹는 행위다. 문명이 발전하면서 음식은 더 이상 생명보존을 위한 수단으로만 여겨지지 않았다. 그래서 문화에 따라 그들 나름의 기호식품이 생겨나고 혹은 금기식품이 생겨나게 되었다. 기호식품도 마찬가지겠지만 우리가 음식을 금기시할 때는 대개 거기에 흥미로운 이야기가 있게 마련이다. 여러 문화에서 음식을 금기할 때는 주로 그것을 탐욕, 색욕, 게으름 등의 특정한 죄악과 생물학적, 종교적 이데올로기 등과 연관시킨다.

　역사에서 보면 우리의 종교 혹은 정치 지도자들은 그런 과정을 아주 교묘히 다루어 우리의 음식에 대한 감정 혹은 죄의식 등에 영향을 주어 우리를 통치해나갔다. 그러나 역사를 살펴보면, 여기에는 종교적 지도자들의 역할이 있었다. 예를 들어 이슬람교에서 돼지고기를 먹지 않는 것, 힌두교에서 소고기를 먹지 않는 것이 이에 속한다. 또한 힘이나 문화 강대국 역시 자신들보다 약한 문화를 말살하기 위해서도 아니 적어도 경시하기 위해서도 금기식품을 이용하였다. 아마도 우리나라 개고기 섭취가 사라지는 것도 개인의 식생활 성향이라기보다는 문화강대국에 의해 은연 중 강요된 현상이 아닐까 싶다.

인류 최초로 금기된 과일, 사과

◢

　성서를 읽다보면 제일 처음으로 발견되는 음식이 바로 '선악과'라고 불리는 '금단의 열매'다. 성서 어디에도 악의 열매를 '이것'이라고 규정하지 않았다. 그런데도 'Adam's Apple'에서 알 수 있듯이 기독교 사상을 근간으로 두고 있는 서양 사람들은 에덴동산의 금지 열매를 사과로 생각하였음에 틀림없다. 실제로 성서에서 금단의 열매가 사과였다면 뭔가 사과에 대해 부정적 언급이 있을 테지만, 오히려 성서에서 언급되는 사과의 이미지는 긍정적이다. 은쟁반에 담긴 금사과(잠언 25:11), 사과의 향기로운 냄새(아가서 7:8), 원기를 주는 사과(아가서 2:5) 등등. 더욱이 신명기나 시편, 잠언 등에 나오는 'the apple of eye(당신의 눈동자, 주의 눈동자를 암시)'라는 표현으로 보아 사과를 중요하게 여겼던 것으로 본다. 그럼 왜 서양 사람들은 사과를 금단의 열매로 생각하게 되었을까?

　스튜어트 리 알렌S. L. Allen의 『악마의 정원에서In the Devil's Garden』에 따르면, 한마디로 이것은 켈트족의 드루이드교와 로마 가톨릭 사이의 종교적 갈등에서 비롯되었다. 기원전 유럽은 발칸반도의 북쪽지역과 남부지역 사이에는 지역적 갈등이 있었다. 어찌 보면 일방적으로 남부지역이 북부지역을 얕보고 경시했다고 볼 수 있다. 발칸반도 주변에는 많은 유목민족들이 살았기 때문에 그리스를 중심으로 한 남부지역의 지중해 사람들은 북부지역 사람들을 야만족으로 인식하였기에 결코 좋은 이미지로 받아들이지 않았다.

　어느 문화에서나 주요 작물로 만든 술은 그 문화에서 중요하게 여기는 제식에 바쳐졌다. 지리학적으로 유럽 남부의 지중해 연안에는 포도재배가 일반적이었고 당연히 포도주가 종교의 제례에 사용되었다. 포도주는 당시 디오니소스를 숭배하는 사람들에서부터 현대 로마가톨릭에 이르기까지 모든 사람들에 의해 신비한 알코올 음료로 사용되고 있다. 반면에 발칸반도의 북부에는 사과의 원산지로 사과재배가 일반적이었다. 그곳에 사는 유목민들 중에는 대표적으로 켈트족이 있었다. 이곳의 기후는 포도보다는 사과 재배에 유리한 조건으로 사과재배가 보편적이라 사과를 숭상하였다. 이들의 종교인 드루이드교 사제들은 자연히 종교의식에 사과주를 사용하였다. 심지어 사과는 파라다이스로 데려다주는 신성한 과일이라고 켈트인들은 믿었다. 가톨릭교의 낙원으로 에덴동산이 있듯이, 켈트인들의 낙원은 아발론Avalon이었다. 아발론은 '사과의 섬'이란 뜻이다. 그만큼 그들에게 사과는 소중한 것이었다. 디오니소스를 숭배하던 남부의 지중해 사람들은 기독교와 융합하여 로마가톨릭교회가 형성되었다. 켈트족도 기존의 드루이드교와 기독교를 융합하여 켈트종교를 만들었다. 말할 필요도 없이 이 두 종교는 서로 몹시 싫어했다. 그러니 남부의 로마가톨릭 사람들에게 사과주는 곱게 보이지 않는 술이었다. 그러니 사과는 악의 열매였다.

중세의 유명한 신비주의자 힐데가르트Hildegard von Bingen는 다음과 같이 말했다. "과일나무 속에는 신의 비밀이 숨겨져 있다. 그 비밀은 은총을 받은 사람만이 인지할 수 있다." 그래서 이 이론을 바탕으로 중세 기독교인들은 지구상의 모든 물체는 신이 자신의 의지를 나타내기 위해 보낸 상징이라고 말하였다. 성직자가 하는 일은 그 신의 숨겨진 '메시지'를 해석하고 무지한 대중에게 설명하는 것이었다. 그중 하나가 사과의 해석이었다. 사과 껍질의 빨간색은 여인의 입술과 같고, 속의 흰색은 여인의 치아나 피부와 같다. 게다가 사과를 위에서 아래로 수직으로 잘랐을 때 나타나는 사과의 속심은 여자의 성기를 연상시킨다. 사과는 인간 역사상 최초로 남성을 유혹하는 에로틱 푸드가 되었다.

　사과의 달콤한 맛은 하느님의 말씀을 향한 믿음을 흩뜨리는 것을 의미하는 유혹이고, 자극적인 신맛은 악마의 영향을 나타내는 것으로 해석하였다. 중세의 학자들은 쓴맛이나 혀를 자극하는 맛은 독을 나타내고 모든 독은 악마의 작품이라 여겼다. 그래서 유혹적인 색깔, 두 가지의 맛, 여성을 상기시키는 외설적인 사과 심, 그리고 무엇보다도 숨겨진 별모양(사과를 횡단면으로 잘랐을 때 나타남) 등 사과의 모든 게 이브의 유혹, 사탄의 유혹을 상징하는 것으로 보기에 충분했다. 우리 어른들이 말했다. 사과를 반쪽으로 잘 자르면 연애 잘한다고. 늘 이 말이 궁금했다. 왜 배도 복숭아도 아닌 사과에만 이 말을 썼을까? 지금에 와서 생각하니 그 말을 한 어른들도 사과 속에 있는 뭔가를 알고 사과를 에로틱하게 보았던 것 같다.

　켈트인들과 로마인들의 갈등이 최고조로 달하던 470년경, 로마 시인 아비투스Avitus는 〈인간의 타락〉이라는 다음의 시를 썼다.

　　사과 하나가 운명의 나무에서 떨어졌다.

　　달콤한 향에 싸여있는 그 사과를 권했다.

　　다정하게 숨을 내쉬며 그것을 이브에게 권했다.

　　(…)

　13세기 중세 수도사 뱅상 드 보베Vincent de Beauvais는 대부분의 과일은 익으면서 부드러워지는데, 사과는 익어도 여전히 사각사각 단단하다고 하여 사과를 비자연적인 것, 즉 부도덕하고 그릇된 자연의 징후로 보았다. 현대의 눈으로 보았으면 그 단단함 때문에 사과는 일 년 내내 보관해서 먹을 수 있는 최고의 과일로 보았을 텐데 말이다. 그후 르네상스의 많은 화가들은 에덴동산에 있는 아담과 이브를 묘사할 때 사과를 그려넣어 이런 잘못된 개념을 강화시켰다. 예를 들어 15세기 네덜란드 화가로 수도원 생활을 했던 휘고 반 데르 후스Hugo van der Goes는 〈아담과 이브〉에서 사과를 악마의 기분이 나도록 표현했다.

　16세기 이후 금단의 열매는 거의 본격적으로 그리고 전 세계적으로 사과로 여기게 되었고, 이브를 뱀의 유혹에 빠져 아담에게 사과를 먹게 만든 장본인으로 만들었다. 그러나 마크 트웨인은 이에 대해 인간적 본능으로 해석하였다. 호기심으로 똘똘 뭉친 톰 소여나 허클베리 핀처럼 아담이나 이브 역시 호기심 때문에 금단의 열매, 즉 사과를 먹었을 거라고 했다. 우리 인간은 금지된 것에 대한 강한 호기심이나 반발심리 같은 것이 있기에 아담과 이브가 사과를 먹은 것은 아주 인간적인 행동이라고 했다. "아담도 그저 인간이었다. 이것이 모든 것을 설명해준다. 그는 사과가 먹고 싶어 사과를 원한 것이 아니라 그것이 금지되었기 때문에 원했다."

　그러나 사과가 아무리 금단의 열매라는 오명을 받고 있지만, 사람들에게 많은 사랑을 받고 있음은 분명하다. 과일 이름 대기 하면 사과가 첫 번째로 입에서 튀어나온다. 아마도 금단의 열매가 된 이유도 결국 모두가 사과를 아름답다고 여겼기 때문은 아닐까 생각해본다. 나무에 빨갛게 열려있는 사과의 아름다움은 사과에 대한 기독교의 비방도 사람들로 하여금 사과를 먹지 못하게 하지는 못했다. 어쩌면 신은 인간에게 복잡한 해석이 아닌, 그저 사과를 맛있게 먹으라고 창조하셨는지 모른다.

　사과와 함께 덩달아 금기식품이 되었던 열매가 있다. 역시 붉은 색의 에로틱한 토마토다. 콜럼버스가 우여곡절 끝에 신세계로부터 토마토를 유럽으로 가져왔을 때, 이탈리아에서는 '골든애플'이라는 뜻의 '뽀미도로pomi d'oro'라 불렀다 이것은 분명 토마토의 품종이 다양하여 초기 이탈리아에 전파된 토마토는 노란색이었을 것으로 보인다. 프랑스에서는 러브애플이라는 뜻의 '폼므 다모르pomme d'amour'라 불렀는데, 아무래도 분명 빨간색이었을 거로 추측된다. 헝가리 사람들은 '파라다이스 애플'이라 불렀는데 당시 헝가리 사람들은 토마토를 에덴동산에서 온 과일로 여겼던 것 같다. 크리스토퍼 콜럼버스는 에덴동산이 인도 근처에 있을 거라 생각해 첫 항해 때 에덴동산의 거주자들이 칼데아어와 히브리어를 쓸 거라고 생각하고 그에 능통한 선원을 데리고 갔다고 한다. 그래서 그는 신세계, 곧 남아메리카의 오리코노강에 다다랐을 때, 그곳이 에덴동산의 관문이라고 착각했다. 그런 것으로 보아 일부 유럽 사람들은 콜럼버스가 가져온 토마토가 동쪽 어딘가에 있는 에덴동산에서 온 과일로 여겼을 것으로 본다. 골든애플, 러브애플, 파라다이스 애플 등 유럽의 많은 나라에서 토마토를 부르는 이름을 보면 상당히 우호적인 듯 하지만 이미 언급했듯이 토마토는 외설스러운 외모로 인해 유럽 사람들에게 그리 반갑게 받아들여지지 않았다. 1400년대 유럽에서는 사과를 몹시 멸시하던 시기로 토마토에 '사과'라는 이름을 붙인 것은 결코 칭찬의 표현이 아니다.

　유럽 사람들은 토마토를 '사탄의 사과'로 알려져 있던 맨드레이크와 연관해서 생각했다. 토마토는 맨드레이크(가지과의 독초)의 열매와 너무 비슷하여 많은 식물학자들은 유럽에 들어온 초창기의 토마토를 가지과Solanaceae와 연관시켜 독이 있다고 했다. 둘 다 선명한 붉은색이나 노란색 열매가 비슷했다. 그러나 식물학적으로 토마토를 가지과로 분류한 것에 대한 논란이 일자 '늑대복숭아'라는 뜻의 'Lycopersicon'으로 다시 분류되었다. 이 이름 역시 우호적인 이름이 아니었다. 이것은 가지과 식물들을 사용하여 늑대인간들을 불러들일 수 있다는 고대 독일 사람들의 믿음에서 비롯되었다. 실제로 가지과에 속하는 많은 식물의 열매들은 독이 있고 환각을 유발했다. 이렇게 토마토에 대해 악담을 쏟아내고 있던 차에, 16세기 일부 프랑스의 식물학자들이 토마토의 야릇한 냄새로 인해 '큐피드의 사과'라고 부르자, 이를 기회로 판매 전략에 이용한 일부 약초상인들은 토마토의 자극성 냄새는 성적으로 흥분시키는 성질이 있다고 주장하였다. 어느 시대나 정력에 대해서는 남자들이 상당히 예민했던 것 같다. 그러나 대외적으로 정력제로 알려진 토마토를 먹는 것은 결코 바람직한 일이 아니었다. 17세기 청교도혁명 후, 지나치게 도덕심을 강조하던 영국의 크롬웰 공화정부는 쾌락을 추구하는 행위를 모두 금지하여 일반 시민에게는 토마토 식용금지는 물론 아예 재배 금지령까지 내렸다. 관능적인 토마토의 외모는 오히려 사람들에게 경계심을 일으켜 쉽게 식용으로 다가가지 못하게 하는 요인으로 작용하였다.

유럽에 도입된 지 200년이 훨씬 지난 18세기 후반이 되어서야 '악의 열매'로 분류되던 토마토에 대한 생각이 바뀌고 식탁에 오르는 식품으로 여기게 되었다. 특히 다른 식재료가 부족한 이탈리아 남부의 농부들은 토마토 요리를 빵이나 다른 곡류 음식과 함께 주요 반찬으로 먹게 되었다. 19세기가 되자 나폴리를 중심으로 한 남부지역 사람들은 토마토소스를 사용한 피자로 유명해졌다. 그렇다고 쉽게 토마토가 식재료로 퍼져나가지 못했다. 토마토소스가 식욕을 돋워 탐욕을 부른다고 하여 종교계에서는 "인간은 본래 소스를 먹지 않는다."고 강조하여 토마토소스가 나온 후 다시 100년이 넘는 세월이 지나서야 식용으로 이용되었다.

2012년 토마토 금기에 대한 해프닝이 있었다. Popular Egyptian Islamic Association이라 불리는 이슬람교의 한 극보수주의 단체가 페이스북을 통해 토마토를 금기식품으로 발표했다. 토마토를 횡단면으로 절반 자르면 십자가 모양을 드러내는데, 이는 토마토가 기독교를 칭송한다는 것이다. 그러기에 토마토를 먹어서는 안 된다는 논리였다.

토마토를 먹으면 안되는 이유

악마의 선물, 감자

▼

잉카인들의 식량이었던 감자는 약 4000년 전부터 남미 페루에서 재배되었다. 밀이나 옥수수를 재배하기에는 날씨가 추웠지만 감자는 추운 날씨에도 잘 견뎌냈다. 그들은 감자전분을 만들어 빵을 만들기도 했고 치카chica라 불리는 술을 빚어 마시기도 했으며, 심지어 질병 치료에도 사용했다. 그들에게 감자는 아주 중요한 식량자원이었으므로 감자신을 숭배했고 풍작을 기원하는 의식을 거행했다. 다음은 잉카 사람들의 기도문이다. 이 기도문으로 우리는 감자가 그들에게 얼마나 귀한 식량인지를 짐작할 수 있다.

조물주여! 모든 만물에 생명을 주시고, 인간을 만들어 생명을 유지하고 자손을 번식하도록 해주시는 신이시여! 땅에 과일과 감자 그리고 다른 음식을 번성하게 하여 우리 인간이 굶주림과 불행으로 고통스러워하지 않게 해주소서.

문화적으로 우월하다고 스스로 믿었던 유럽 사람들에게 감자는 더럽고 칙칙한 갈색의 불경하고 성서에 나오지 않는 식물로 비기독교적unchristian 원시적인 것으로 취급받아 남미에서 데려온 노예들의 식량으로나 사용되었다. 게다가 먹으면 헛배가 부르고 심지어 독이 있어 이런 못생긴 외모와 특징으로 감자는 많은 수난을 겪었다. 실제로 감자싹에는 '솔라닌'이라는 독성분이 있다.

유럽에서는 늘 맨드레이크가 문제를 낳았다. 토마토는 맨드레이크 열매와 유사하고 감자는 맨드레이크 뿌리를 연상케 하여 여러 미신을 낳았다. 맨드레이크 뿌리는 인삼 뿌리처럼 쭈글쭈글한 말라빠진 사람의 몸과 비슷하게 생겨 유럽의 중세 작가나 기독교인들은 맨드레이크를 신이 인간을 만들려다 일어난 첫 번째 시도의 실패작이었다고 믿고, 살아있는 악마의 영혼으로 믿었다. 그래서 그들에게 맨드레이크와 함께 토마토는 에덴동산에서 온 사악한 열매였다. 그런데도 유럽 사람들은 맨드레이크에 집착했다. 창세기에 야곱의 두 부인이 맨드레이크(합환채로 번역됨)를 놓고 다투는 장면을 보고 유대교에서는 임신과 풍요의 상징으로 여겼다(창세기 30: 14~16). 그래서 맨드레이크는 독이 있지만 올바르게 복용하면 진통제로 사용 가능하고 무엇보다도 남자에게 정력제로, 여자에는 임신촉진제로 간주했다. 심지어 미신을 믿는 사람들은 뿌리의 모양을 보고 맨드레이크를 반식물, 반인간으로 언젠가 다시 인간으로 부활하기를 기다리는 식물로 여겼다.

우리의 심마니는 산삼을 캐기 전에 산신에게 예를 표하고 몸가짐을 바르게 한다. 그리고 산삼을 발견하면 "심봤다!"하고 외친 후 산신에게 고마움의 제사를 지낸 후 조심스럽게 캔다. 산삼은 산신의 소중한 선물인 것이다. 그러나 유럽에서는 맨드레이크를 발견하면 솜으로 귀를 막는다. 이것은 맨드레이크가 뽑힐 때 비명을 지르며, 그 비명 소리를 듣는 사람은 저주를 받는다고 믿었기 때문이다. 이는 영화 〈해리포터〉에서 아주 자세하게 묘사되었다. 그래서 중세 유럽 사람들은 개를 맨드레이크에 줄로 묶어 뽑았다. 그러면 개가 사람 대신에 저주를 받는다는 것이다. 우리의 산삼이 감사라면, 맨드레이크는 희생이다.

먹으면 포만감도 생기고, 무엇보다도 성性과 관계가 없이 재생산이 가능한 감자의 순결성은, 즉 암수 구별 없고, 씨앗도 없이 직접 자신의 몸 일부에서 후손을 만들어내는 특징은 유럽의 일부 엘리트층으로 하여금 감자의 가치를 인정하게 만들었다. 어쩌면 동정녀 마리아를 연상했는지 모른다. 게다가 잉카말로 감자의 이름인 papa는 이태리말로 보면 pope, 즉 사제 혹은 로마교황을 뜻하는 낱말이었기 때문에 감자는 가톨릭의 후광을 받는 것 같았다. 다시 말하면 감자, potato는 papa, 즉 pope의 과일(사제 혹은 교황의 과일)로 'pope-ato'가 되어 사람들은 감자를 칭송하였다. 그러나 척박한 토양에서도 잘 자라고 재배하는 데 특별한 농기구도 필요하지 않는 등 많은 장점을 가진 감자는, 토마토와는 반대로 우둔해보이고, 칙칙하고 지저분해 보이는 외모와 생식의 특징 때문에 정작 유럽의 굶주린 소작농들에게는 배척받았다. 또한 지배계층들은 감자를 자신들에게는 적절한 음식이 아니고 불결한 농민들에게나 완벽한 음식이라고 생각하였다.

감자는 보기에 못 생겼고, 자칫 썩기 쉽고 게다가 땅 속에서 놀라우리만치 많은 열매가 그리 큰 수고를 들이지 않고도 열리는 것이 악마의 농간이라고 생각한 유럽 대다수 사람들에게 좋은 인상으로 다가가지 못했다. 못생긴 것도 서러운 데 나병에서 매독에 이르기까지 많은 질병을 일으킨다는 오해도 받았다. 스위스 사람들은 감자를 많이 먹으면 연주창을 일으킨다고 믿었다. 연주창은 림프샘의 결핵성 부종인 갑상선종이 헐어서 터지는 병이다.

독일의 많은 농부들은 감자에 대해 너무 불신하여 1774년 기근 동안에 프리드리히 대왕Frederick the Great이 보내준 감자를 거부했다. 당시 독일은 주식을 밀에만 의존했기에 식량사정은 심각하게 악화되었다. 왕은 구황작물로 감자를 심으라는 명령을 내림으로써 독일에 감자를 보급했다. 처음부터 독일 사람들이 그의 명령을 순순히 따른 것은 아니었다. 개조차 맛이 없어 먹지 않으려는 것을 먹어야 하느냐는 불만이 쏟아졌다. 그러자 그는 매일 감자를 먹었다. 이쯤 되니 국민은 왕을 신뢰할 수밖에 없었다. 프리드리히 대왕은 감자 보급의 공로로 '감자대왕'이라는 애칭을 얻었고, 지금도 그의 무덤에는 늘 감자가 놓여있다.

감자를 너무 경계하여 1619년 부르고뉴Burgundy에서는 감자 경작이 아예 금지되었던 프랑스에서 빵에 대한 대안으로 모든 건강한 프랑스 사람들에게 감자를 재배할 것을 명령하였고, 감자소비를 애국적 의무로 만들었음에도 불구하고 국민들의 감자에 대한 공포는 끝이 나지 않았다. 정부는 감자요리책을 출간하고, 루이16세는 옷 단추 틈에 감자꽃을 끼우고, 그의 부인 마리 앙투아네트는 감자꽃을 머리에 꽂아 감자에 세련됨을 부여하려고 노력하였다. 이 같은 프랑스 궁전의 감자꽃 패션은 감자가 유럽의 모든 지역으로 전파되는 효과를 불러일으켰다. 그러나 무엇보다 프랑스에서 감자의 가장 성공적인 도약은 의사였던 파르망띠에Antoine-August Parmentier의 아이디어로부터 나왔다고 볼 수 있다. 그는 전쟁포로로 독일감옥에 수용되어 있는 동안 오로지 감자만을 먹었다. 그가 감옥으로부터 나와 프랑스로 돌아왔을 때는 프랑스 혁명으로 빵이 문제가 되고 있던 때였다. 그는 빵 대신 바로 감자를 생각해냈다. 결국 밀로 만든 빵을 놓고 벌어진 끝없는 다툼에 대해 보다 나은 해결책은 감자였다.

그러나 1830년 당시 영국의 언론인 윌리암 코벳William T. Cobbett과 프로테스탄트들은 이것을 거북하게 여겼다. 그들은 밀로 만든 빵이 인간에게는 자연스런 음식이고, 그 빵을 불결한 뿌리(감자)로 대신하는 것은 사람을 개처럼 잠자고, 간음하는 것 외 어느 것에도 만족하지 않는 존재로 변화시킨다고 믿었다. 그들은 감자를 '게으른 뿌리'라고 불렀다. 사실, 게으름을 일으키는 음식을 금하는 관례는 기원전 7세기 스파르타 식사에서 비롯되었다. 스파르타 사람들의 식사는 배고픔이 겨우 가실 정도만큼 할당된 양만을 먹었다. 게으름은 죄악이었다. 그런 전통을 고수한 19세기 영국 귀족들의 입장에서 보면 게으름은 당연히 죄악이었다. 그러니 코벳은 영국정부에 감자를 금지시켜 이 '타락한 음식(감자)'이 번져가는 것을 막아야 한다고 부추겼다. 여기에는 당시의 사회적 상황이 반영된 것이다. 이런 상황 속에서 아일랜드 사람들은 잉글랜드 지주들 밑에서 힘들게 일하였지만 항상 굶주림에 시달려야 했다. 그런 그들에게 감자는 생명의 식량이나 다름없었다. 감자는 아일랜드의 토양과 기후에도 적합하여 가난한 농민들의 가족을 배불리 먹일 수 있었다. 잉글랜드 지주들이 아일랜드 농민들의 감자재배를 금지한 이유 중에는, 아일랜드 농민들이 배가 부르면 다른 생각, 즉 자신들에 대한 반발이 일어날까 하는 두려움도 한몫했다. 감자를 태만함의 상징으로 여기며 1800년대 영국 잉글랜드 사람들은 감자를 근절시키려고 했다. 더욱이 감자를 먹는다는 이유로 더욱 아일랜드 사람들을 멸시했다. 그런 멸시 속에서도 일명 '게으름의 뿌리' 덕분에 아일랜드의 농민은 착취를 가하는 영국의 지주들에게서 한껏 자유로워졌고 또한 인구도 늘었다. 1840년대 아일랜드의 거의 절반 인구가 완전히 감자에 의존하게 되었다.

결국 대부분의 유럽은 감자를 받아들일 수밖에 없었다. 도시의 인구가 급증하고 주거환경은 열악해졌고, 노동자들은 하루 16시간씩 일을 해야 했으므로, 음식 만들 시간도, 음식을 요리할 기구도 부족했기에 간편한 음식으로 감자만한 것이 없었다. 그러니 결국 감자는 유럽의 기근을 해결해준 악마의 선물이 되었다.

대한민국의 개고기 금기

　우리는 가끔씩 "고기 먹고 싶다."고 말한다. 이 말은 고기에 특별한 가치를 두고 있음의 표현이다. 세계의 영웅들과 지도자들은 자신의 추종자들이나 손님들에게 잔치를 베풀 때 많은 고기를 준다. 그런데 그 베풂의 상징인 고기의 섭취금지는 다양한 이유로 세계 여러 곳에서 나타난다. 미국인들이 영양학적으로 풍부한 단백질원이라는 이유에서 소고기를 먹는다면, 말고기나 개고기를 먹지 않을 이유가 없는 것처럼, 종종 쉽게 납득이 가지 않는 경우가 있지만 많은 사람들이 영양학적 혹은 경제적 합리성을 이유로 든다. 세계의 어떤 주요 종교도 극단적 채식주의를 강요하지 않았다. 결국 어떤 육류가 금기되는 데는 자연적 혹은 사회적 환경, 종교, 건강과 관련된 믿음에서 비롯된다고 볼 수 있다. 어려서부터 육류를 먹지 않도록 교육받은 간디는 영국인들처럼 강하고 용감해지기 위해 고기를 먹으려고 시도했지만 입에서 고기를 거부했고 정신적으로 괴로움을 받았다고 한다. 이는 육류금지는 단순히 영양과 경제로만 바라볼 수 없고 개인적 혹은 사회적 믿음에서 비롯되었음을 보여주는 한 예로, 한 음식의 금기는 쉽게 설명할 수 없는 경우가 많다.

　말고기의 경우, 우리나라에서도 부족국가시대 때부터 말고기를 먹었다. 사실 야생말이 지금의 말로 진화되기 전까지 말고기를 먹는 사람들이 많았다. 이 식습관은 불교국가이던 고려시대에 잠시 머뭇하다가 말고기를 먹던 몽고의 침입으로 다시 성행을 하여 조선시대에도 여전히 말고기를 먹었다. 하지만 우리 땅에서 말고기를 점차 먹지 않게 된 것은 혐오의 문제가 아니라 경제성과 효율성의 문제였을 것으로 본다. 말은 다른 동물에 비해 먹는 풀의 소화력이 떨어지고, 식용으로서 비효율적이었다. 이에 반해 개는 사람이 먹고 남은 음식으로 키우기에 충분하였다. 그러면서 차츰 말은 우리 환경에서 사라지고 개만이 남아 결국 우리의 동물성 단백질의 급원이 되었다. 그런데 그 개고기가 우리나라에서 사실상 금지식품이 되었다.

"개나 고양이를 지나치게 사랑하는 것은 인간에 대한 모독이다." 프랑스 출신의 실존주의 작가인 사르트르의 말이다. 그러나 같은 프랑스 출신의 여배우 브리지트 바르도 역시 우리에게 관심의 대상이 되기에 충분하였다. 결코 영화배우가 아닌 동물애호가로서. 동물사랑이 넘쳐나는 그녀는 우리의 '보신탕 문화'를 다시 생각하게 만드는 계기를 마련해 주었다. 주위에서 보면 부모님이 아픈 것보다 자신의 강아지 아픈 것을 더 마음 아파하는 사람들을 보기란 그리 어렵지 않다. 애완동물을 사랑하는 사람들은 과연 우리 인간을 얼마나 사랑하고 존중하는지 한 번 자신을 돌아보아야 할 것이다. 애완동물을 이야기하고자 하는 것이 아니니 다시 개고기 이야기로 넘어가겠다.

어느 시대에 어디에서 사느냐에 따라 생각의 차이가 있듯이 음식문화 역시 그렇다. 프랑스 사람들이 말고기와 거위간을 먹는 습관은 우리 입장에서 보면 이해하기 힘들다. 영국 사람들은 프랑스 사람들의 말고기 먹는 습관을 '식인풍습'에까지 비유한 적이 있다. 이와 같이 각 문화의 식습관에는 영양이나 경제적 측면 외에도 그럴만한 자연환경이나 문화적 혹은 종교적 배경이 있다. 중국 역시 고대 춘추전국시대에서 명, 청대에 이르기까지 개고기는 상류층만이 먹는 고급 음식이었다. 공자도 개고기를 먹었다. 그러나 비록 명, 청대에 개가 당시에 유행했던 콜레라의 원인이라고 믿었고 게다가 '충견'이란 개념에 밀려 개고기 풍습이 차츰 사라졌지만, 유교사상을 중시 여기던 우리의 조선 선비들은 이처럼 공자도 먹었다는 개고기를 마다할 이유가 없었다. 그리고 우리 선조들이 개고기를 먹을 수밖에 없었던 것은 경제사정과 저장문제 때문이었다. 소는 우리의 농업경제에 노동력을 제공하는 소중한 동물이어서 매우 비싸고 잡아도 저장할 방법이 없었다. 그러나 개는 값도 싸고 작아서 한 마리를 잡으면 집안 식구들이 다 같이 한두 끼 먹으면 저장할 필요가 없었다.

전쟁이 한 나라의 많은 면에서 변화를 일으키듯이 우리나라의 경우, 일제강점기 동안 일본 사람들이 개고기를 먹지 않았기 때문에 우리나라에서도 개고기 식용문화는 점차 사라지기 시작하였고, 해방 후는 미국의 영향을 받아 개고기 먹는 것을 야만적인 것으로 간주해 요리책에서 아예 개고기 음식이 없어졌다. 그러나 실생활에서 많은 사람들은 몸을 보신하는 음식으로 먹고 있었다. 정치를 하는 사람들은 어쩔지 모르겠지만 대부분의 사람들은 그것을 개인의 기호로 보고 크게 문제 삼지 않았다. 그런데 우리나라의 개고기 섭취가 심각하게 문제로 대두된 것은 1988년 올림픽 때였다. 당시 앞에서 언급했던 프랑스 여배우 브리지트는 "한국을 방문한 여행객들이 보신탕을 먹는 혐오스러운 관습에 충격을 받고 있다"며 당시 김영삼 대통령에게 한국인이 보신탕을 먹지 못하게 해달라는 편지까지 보냈다. 영국 런던에 본부를 둔 세계동물보호협회WSPA도 개고기 식용문화가 야만스럽다며 "개고기 문화가 근절되지 않으면 올림픽을 보이콧하겠다."
고 우리 정부에 으름장을 놓기도 했다. 어떻게 해서든 올림픽을 성공
적으로 치러내야 했던 정부는 그들의 요구를 대부분 수용함으로써
비난을 잠재웠다. 보신탕집은 눈에 잘 띄지 않는 변두리나 골목으로
숨어들었고, '보신탕'이란 간판도 '영양탕' '사철탕' 등으로 둔갑했
다. 그렇게 해서 개고기 논쟁은 서구의 일방적 승리로 끝났고, 개고
기집은 그 후로도 밝은 세상으로 나오지 못하고 지금껏 숨어 있는 실
정이다.

올림픽은 세계인이 한자리에 모이는 축제니만큼 세계화의 현장
이라 할 수도 있는데, 서울올림픽 때 개고기 논쟁이 불거졌듯 비서구
문화권에서 개최된 최초의 대회였던 1964년 도쿄올림픽 때에는 스
시 논쟁이 벌어졌다. 당시 미국 시사주간지 〈타임〉은, 팔딱거리는 생
선을 칼질해 즉석에서 회로 떠먹는 일본인들을 본 미국인들이 "놀
랍다" "야만스럽다"고 반응하는 것을 취재해 대대적으로 기사화했
다. 그러나 그로부터 50년이 흐른 지금 스시에 대한 미국인의 태도는
180도로 바뀌었다. "스시를 못 먹는 사람은 상류층에 끼지 못한다."
는 말이 있을 만큼 스시는 고급음식으로 자리잡았다. 그러나 우리의
보신탕은 결코 그런 빛을 볼 날이 없을 것으로 예상된다.

이런 저런 이유로 우리는 금기식품을 만든다. 그러나 성서의 말
을 빌리자면 하나님께서 지으신 것은 모두 다 좋은 것이다. 감사하는
마음으로 받으면 버릴 것이 하나도 없다.

마음수양의 음식금기

음식금기하면 이슬람교나 힌두교에서의 음식금기가 워낙 유명하여 우리는 금기음식하면 종교적 음식금기를 먼저 떠올린다. 유대인과 이슬람교도들은 돼지고기를 먹지 않는다. 돼지의 더러운 습성과 불결한 식습관 때문이라고 하지만 이에 수긍하지 않는 사람들이 많다. 인류학자 마빈 해리스Marvin Harris는 레위기 제11장에 주목했다. "발굽이 완전히 갈라져 그 틈이 벌어져 있고 되새김질을 하는 것은 모두 먹을 수 있다." 돼지는 발굽이 갈라져 있지만 되새김질을 하지 않는다. 중동지역에서 반추동물들은 곡물을 놓고 인간과 경쟁하지 않고, 인간이 먹기에 적당치 않는 풀이나 짚, 건초, 관목과 잎사귀들을 먹고 살면서 고기와 젖을 제공한다. 반면에 되새김질하지 않는 돼지는 인간과 먹을 것을 놓고 경쟁관계에 놓일 수밖에 없다. 그러므로 당시 중동지역에서의 돼지사육은 비효율적이었다. 게다가 메리 더글러스Mary Douglas에 따르면, 유대인에게 율법을 따르는 것은 개개인 자신을 신성화하는 것이다. 따라서 돼지고기를 먹지 않는 방식으로 율법을 따르는 것은 자신을 신성화하는 것이며, 동시에 이교도와 구별짓는 것이었다.

인도의 힌두교도들은 소고기를 먹지 않는다. 많이 익숙하다. 소 숭배와 보호는 힌두교의 중심사상이다. 암소를 돌보거나 암소를 보기만 해도 행운을 얻게 되며 악을 쫓고 악으로부터 보호받는다고 믿는다. 또한 암소로부터 나오는 모든 것이 신성하다고 믿는다.

흥미롭게도 힌두교 역사 초기에는 동물 희생제를 끝내고 고기를 나눠 먹었다. 사제인 브라만 계급의 종교적 의무는 소를 보호하는 것이 아니라 소를 도살하는 것이었다. 점차 농업이 주된 경제활동이 되자 소는 농사 짓는 데 없어서는 안 될 존재가 되었다. 특히 암소는 우유를 줄 뿐만 아니라 농사를 지을 수 있게 해 주었기 때문에 더욱 소중했다. 우리의 경우 조선시대에만 해도 농사에 필요한 소를 함부로 도살하는 것을 금지했다. 하지만 지배 계급인 브라만과 크샤트리아는 희생제를 통해 소를 계속해서 도살하고 그 맛있는 소고기를 먹는 습관을 포기하지 않았다. 그런데 그들의 기반을 흔들 일이 생겼다. 석가모니에 의해 불교가 생겨났다. 불교는 살생금지를 계율로 내세웠다. 늘 굶주림에 시달리는 농민들에게 브라만의 소고기 소비는 곱게 보일 리 없었던 차에, 살생을 금지하는 불교는 가난한 농민들의 마음을 어루만져 주었다. 결국 불교와의 경쟁에서 밀리지 않기 위해 브라만은 소를 소중히 하고 숭배하여 대중의 마음을 받아들였다. 브라만이 암소의 보호자가 되고 소고기 섭취를 금지함으로써 힌두교는 계속 대중적인 종교가 되었다.

주변에 불교인들이 많아 불교에서의 음식금기 역시 당연히 알고 있다고 믿지만 좀 더 흥미를 가져볼까 한다. 종교적 교리라기보다는 생활철학에 더 가까운 불교에서의 식생활은 국가와 종파에 따라 상당히 다양하다. 불교에서는 살생금지를 따르기 때문에 채식주의자가 상당하다. 어떤 사람들은 생선을 먹고 어떤 사람은 소고기만을 제한하기도 한다. 또 직접 동물을 살생하지 않으면 고기를 먹어도 된다고 믿는 사람도 있다. 실제로 석가마저도 자신을 위해서 눈앞에서 살해된 것이 아니라면 고기를 먹었다. 그렇다면 초기 불교는 그다지 육식을 엄격하게 금지하지 않았던 것이다. 인간은 인간의 형태를 취하기 전 다양한 동물의 형태를 통해서 윤회한다는 믿음이 많은 불교인들로 하여금 채식주의자로 만들었다. 게다가 다른 생명체에게 미치는 고통이나 폭력은 자신에게로 다시 돌아온다는 믿음이 고기섭취를 피하게 만들었을 뿐이다.

초기 불교의 수도승들은 자신의 음식을 경작하거나 저장 혹은 요리해서는 안 되었다. 음식에 대한 집착은 무소유의 정신에 방해가 된다고 보았기 때문이다. 대신에 그들은 신자들로부터의 보시布施에 의존해야 했다. 그리고 특정 음식을 요구해서도 안 되었다. 그래서 승려들은 산속에서 나와 마을로 내려가 걸식을 했다. 그러니 사람들이 주는 대로 먹으니 가리는 음식이 없었다. 그러니 어쩌다 고기를 주면 고기를 먹었다. 다만 눈 덮인 산에서 6년간 고행하면서 깨 한 알과 보리 한 톨에 의지한 부처의 수행을 따르기 위해 1일1식을 원칙으로, 부자나 가난한 집을 가리지 않고 그릇에 가득 차지 않더라도 적당한 양이면 돌아와서 오전 중에 식사를 마치고 주로 오후에는 금식을 했다. 스리랑카, 미얀마, 캄보디아 등의 남방 불교권에서는 현재도 탁발이 그대로 이루어지고 있다.

불교가 시작되던 초기의 인도 불교 수도승들에게는 거처가 없었다. 그러나 비가 자주 내리는 우기 3개월 동안 한 곳에 머무르는 생활이 허락되는 안거安居제도가 생겼다. 종교와 정치가 서로 상생하는 경우는 서양의 기독교에서도 볼 수 있듯이, 이런 안거제도가 차츰 발달하면서 왕족과 부자들이 승려들에게 집을 지어 기증하게 되었다. 이로 인해 불교계 최초의 절인 죽림정사가 생겨났다. 죽림정사는 부처가 깨달음을 이루고 왕사성을 찾았을 때, 칼란다Kalanda가 기증한 대나무 동산(죽림)에 빔비사라Bimbisāra 왕이 부처에게 지어 바친 절이다.

유목생활이 정착생활로 바뀌어 식생활이 바뀌듯, 승려들이 더 이상 돌아다니지 않고 한 자리에 머물 수 있게 된 주거 변화는 승려들의 식생활도 변화시켰다. 이제 승려들은 자신들이 직접 요리를 하지 않지만 신도들이 만들어 주는 음식을 먹게 되었다. 승려들은 수행을 위해 많은 고행을 겪었지만 음식에는 특별한 금기가 없었다. 고기도 먹을 수 있었다. 다만 아픈 승려에 한해서 삼종정육, 오종정육, 구종정육▫ 등을 허락했다. 수행도 좋지만 결국 인간으로서의 생존도 중요했던 것이다. 더욱이 왕권의 보호를 받으면서 귀족불교가 되자 승려도 인간인지라 식생활에도 크게 변화가 생겼다. 엄격한 수행이 차츰 너그러워졌다. 하루에 한 번 먹던 식습관도 바뀌어 그 이상을 먹게 되었고 주식과 부식도 다양해졌다.

> **삼종정육(三宗淨肉)** 자신을 위해서 죽이는 것을 직접 보지 않은 짐승의 고기(不見), 남으로부터 그런 사실을 전해 듣지 않은 고기(不耳), 자신을 위해 살생했을 것이란 의심이 가지 않는 고기(不疑)이며, **오종정육(五種淨肉)**이란 수명이 다해죽은 오수(鳥獸)의 고기와 맹수나 오수가 먹다 남은 고기를 말한다. 또한 **구종정육(九種淨肉)**이란 자신을 위해서 죽이지 않은 고기, 자연적으로 죽은 지 여러 날이 되어 말라붙은 고기, 미리 약속함이 없이 우연히 먹게 된 고기, 일부러 죽인 것이 아니라 이미 죽인 고기를 말한다.

불교가 중국으로 전래되던 초창기 때, 중국 승려들은 술과 고기를 먹었고 차츰 소식으로 바뀌어 죽과 간간한 부식을 먹었다. 본래 자신들을 위해 음식을 경작해서는 안 되었지만 승려들은 채소를 직접 재배하였고 두부와 버섯 등을 주로 먹었다. 이제 수행하는 승려들에게 음식을 만드는 것도, 그 음식을 먹는 것도 수행의 일부가 되었다. 불교에서의 '공양'이란 공경하는 마음으로 필요한 것을 올리는 일을 말한다. 그래서 탐욕의 표현일 수 있는 먹는 것을 '마음가짐'으로 보고 밥을 지어 올리는 것뿐 아니라 먹는 일도 공양이다. 즉 좋은 음식을 꼭 필요한 만큼만 먹는 일 또한 공덕을 쌓는 일인 셈이다. 결국 음식으로까지 마음의 수양을 쌓는다.

우리가 잘 알고 있는 오신채五辛菜 금기는 대승불교에서 실행한 식습관이다. 오신채란 파, 마늘, 달래, 부추, 흥거를 말하며 이 중에 흥거는 우리나라에서 나지 않는 채소로 생소하지만 5가지 채소 모두 맵고 향이 강하다. 자극적인 것을 쫓는 것은 속세의 탐욕과 같아 수행에 방해가 되어 이런 채소를 먹으면 스스로를 다스리기 힘들어진다고 불교에서 금기하고 있다. 대표적으로 다섯 가지 채소를 끊어야 한다고 했지만 자극적인 음식을 피하라는 포괄적 의미를 가지고 있을 수 있다. 동서양을 막론하고 파, 마늘, 양파, 부추, 달래 등은 힘을 상징하는 채소다. 흥미롭게도, 많은 문화를 연구한 결과로 보면 향이 강하고 자극적인 것은 최음제로 여기는 경우가 허다했던 것으로 보아 불교에서 오신채를 금지하는 것을 충분히 이해할 수 있다.

위와 같은 관행은 지금의 사찰음식에 영향을 주어 육류와 오신채 등을 먹지 않는 식습관으로, 이것 역시 수행의 한 과정으로 보고 있다. 그런데 한국, 중국, 일본 등의 북방 불교권에서는 사원발달과 함께 사찰음식도 다양하게 개발되어 이제는 상품화되고 있으니 이를 어떻게 바라보아야 할지. 속세의 탐욕을 끊고자 하는 노력의 사찰음식이 속세의 가장 기본이라 할 수 있는 상업과 손을 잡았으니….

어떤 불자의 글을 본 적이 있다. 사찰음식을 특별하게 포장하지 않았으면 좋겠다고. 수행하는 사람들의 음식은 유행과 결탁하는 음식도 아니고 장수식품도 아니라, 깨달음을 얻기 위한 과정에 몸을 보하기 위해 섭취하는 최소한의 음식이라고 했다. 인간의 본능 중 하나인 식욕을 억제하며 음식을 탐하지 않고 감사하는 마음으로 음식을 먹는 것이 결국 수행하는 것으로 마음을 비웠으니 어찌 장수하지 않겠는가?

음식제국 '맥도날드McDonald's'를 거부한 나라들

음식금기에는 주로 종교적 이유가 많지만 사회의 변화도 음식을 거부하게 혹은 금기하게 만든다. 현대사회에서 그것도 전 세계의 어린이가 좋아하는 음식을 국가가 혹은 국민 스스로가 거부하는 음식이 생겼다.

아이들이 그래도 좋아하는 음식은 피자와 햄버거다. 아니 이제는 많은 어른들도 햄버거로 식사를 하는 사람들이 증가하고 있다. 간단히 먹을 수 있는 햄버거가 전 세계 사람들의 입맛을 사로잡았다 해도 과언은 아닐 것이다. 지금이야 먹을 것이 넘쳐나고 맛있는 것도 많은 때지만 내가 대학에 다니던 1980년대 초에는 도서관에서 파는 햄버거에 만족해야 했다. 지금은 다양한 종류의 햄버거가 있지만, 햄버거 하면 그래도 맥도날드McDonald's가 세계적으로 알려져 있다. 맥도날드는 2차 세계대전 후 1948년 맥도날드 형제가 자신들의 이름을 따 햄버거가게를 차려 대성공을 거두었다. 참고로 현재의 체계를 갖추어 세계적으로 성공시킨 사람은 레이 크록Ray Kroc이다. 이제는 미국을 상징하는 음식으로 세계적인 판매체인을 가지고 있는 맥도날드는 미국의 음식역사에서 빠질 수 없다.

덕분에 외국여행에서 더 이상 음식걱정을 할 필요가 없게 되었다. 맥도날드의 대형아치 'M'자만 찾으면 최소한 먹을 것에 대해서는 안심이다. 먹을 것에 대한 안심만이 아니라 길을 잃었을 때도 'M'자 아치를 보는 순간 뭔가 편안한 기분이 드는 것도 사실이다. 이래저래 맥도날드는 세계 어느 곳에서나 인기가 그만이다. 자본주의와 공산주의가 서로 얼굴을 맞대고 으르렁거린 1990년대에도 러시아의 모스크바에서는 자본주의의 상징인 햄버거를 사먹기 위해 사람들이 줄을 섰다. 이 장면을 보았다면 맥도날드 햄버거는 패스트푸드가 아니라 슬로푸드라고 생각할 정도였다. 정치가 아무리 냉전이라도 밝은 매장과 깔끔한 종업원들의 서비스가 모스크바 사람들의 마음을 사로잡은 것만은 사실이었다.

이렇게 냉전시대에도 공산국가까지 파고든 맥도날드를 현재 거부하는 나라가 있다고 하면 놀라는 사람도 있을 것이다. 그만큼 맥도날드는 음식세계화를 이룬 기업이다. 대개 아프리카와 중앙아시아의 일부 국가가 경제적으로 어쩔 수 없이 맥도날드를 받아들일 수 없는 상황이지만, 그렇지 않은 볼리비아에서 맥도날드를 금지하였다. 엄격하게 말하자면, 법에 의한 금지가 아니라, 국민들이 스스로 내린 결정이다. 맥도날드 체인이 실제로 볼리비아에 잠시 있었지만, 볼리비아 사람들은 거의 그곳에서 음식을 먹지 않았다. 〈왜 볼리비아에서 맥도날드는 파산했는가?Why did McDonald's Bolivia go Bankrupt?〉라는 다큐멘터리에서 볼리비아의 요리사들, 사회학자들, 영양사들, 그리고 교육자들을 대상으로 인터뷰를 진행한 결과, 볼리비아 문화에서 음식이란 시간, 사랑, 애정이다. 사람들은 이런 조상들의 법에 따라 살고 있다. 그렇기 때문에 '최대한 저렴하고, 최대한 빠르고, 최대한 간편한' 패스트푸드 문화는 볼리비아 사람들에게 이해하기 어려운 개념이었다. 〈Hispanically Speaking News〉에 따르면, 남아메리카 8개 국가에 걸쳐 천만 명이 넘는 직원이 일하고 있는 맥도날드 남아메리카 지사의 노력에도 불구하고 볼리비아에서만큼은 연이은 적자를 기록하다가 문을 닫았다. 사실 볼리비아는 경제적으로 그리 부유한 국가는 아니지만, 건강한 음식, 정성과 애정을 담아 요리한 음식의 중요성을 알고 있는 볼리비아 국민들은 참 자존심이 강한 국민이다.

국민이 아니라 정부에서 외국의 식품회사가 국내로 들어오는 것을 명확하게 금지하는 나라가 있다. 몬테네그로(구 유고슬라비아 연방 구성 공화국의 하나)와 같은 몇몇 나라들은 밀고 들어오는 맥도날드에 "No"라고 말했다. 다국적기업이 자신들의 시장을 잠식하는 것에 반대하기 위해서다. 10여 년 전에 작은 모바일 맥도날드 식당이 몬테네그로의 수도, 포드고리차에 오픈했다. 사업은 잘 돌아갔다. 그러나 오래 가지는 못했다. 〈Vienna Review〉에 발표된 보고에 따르면, 그 식당은 몬테네그로 정부가 패스트푸드 거인이 자국 내로 들어오는 것을 원하지 않았기 때문에 문을 닫았다. 왜냐하면 국민의 건강을 우려함과 동시에 맥도날드 운영을 반대하는 지역식당을 고려했기 때문이다. 그러나 몬테네그로 정부는 그 사업에 공식적으로 관여하지 않으며, 모든 외국 투자자들은 자국의 투자자와 동등한 법적취급을 받는다고 말하며 이런 주장을 부인했다. 이유가 무엇이든, 현재 몬테네그로에서는 대형 'M' 아치를 볼 수 없다. 그러니 길 잃지 않도록 조심해야 한다.

그럼 우리와 지리학적으로 가장 가까운 북한은 어떨까? 북한은 맥도날드뿐 아니라 다른 미국 브랜드에 대해서는 절대 반기를 들고 있다. 반미감정이 무기인 그들에게 맥도날드를 먹는다는 것은 상상도 못할 일일 것이다. 그렇다고 그게 김정은이나 다른 고위멤버들에게도 적용되는 것은 아니다. 그들은 국가비행기를 사용하여 비밀리에 맥도날드 햄버거를 배달해서 먹는다. 김정은이나 간부급 자녀들은 어린 나이에 이미 해외에서 맥도날드의 햄버거 맛을 보았으니, 이를 어쩌랴!

저 대서양 북쪽에 있는 작은 섬나라인 아이슬란드의 경우는 다른 국가와는 차별적으로 자국에서 생산되는 재료를 사용하는 자신들만의 맥도날드 버전을 강력히 주장하고 있다. 한마디로 신토불이 버전이다. 아마도 맥도날드 회사입장에서도 이게 수지가 맞는 방법일 것이다. 워낙 동떨어져 있는 나라이니, 수송비가 큰 고민거리다.

1999년 버뮤다 삼각지로 유명한 버뮤다에 맥도날드가 식당을 오픈하려고 했다. 그러나 국민들의 반발이 워낙 거세 모든 프랜차이즈 식당을 금지하는 법이 통과했다. 세상 대부분의 곳에서 거부하지 못하는 햄버거를 어떤 이유에서든 금지 혹은 거부하는 것은 우리의 관심을 끌기에 충분하다.

베이비 붐 세대를 대상으로 성공한 맥도날드는 코카콜라와 함께 미국문화의 상징이다. 많은 미국 사람들이 하루를 맥도날드에서 시작하고 많은 젊은이들이 첫 직장으로 맥도날드에서 시작하는 상황에서 맥도날드는 단순한 햄버거가 아니라 미국의 경제다. 그래서 세계 각 나라에서 반미시위가 있을 때마다 맥도날드가 시위대의 표적이 되기도 한다. 또한 맥도날드는 세계적 기업으로 이제 단순히 햄버거만 파는 곳이 아니다. 맥도날드 안에는 미국뿐 아니라 전 세계의 정치적 혹은 경제적 개념이 속속히 개입되어 있다.

프랑스의 토마토케첩 금지
▶

케첩ketchup은 미국인들이 처음 만든 것으로 생각하고 있지만, 사실은 케첩이라는 말을 처음 사용한 사람은 중국인들이었다. 1690년 중국인들은 생선에 식초, 소금, 향신료 등을 가미하여 혼합한 톡 쏘는 맛이 일품인 생선발효소스를 개발하였다. 그들은 그 소스를 케치압Ke-Tsiap으로 불렀다. 이 독특한 소스는 케찹Kechap이라는 이름으로 말레이시아 부근으로 전파되기 시작했으며, 18세기 초에 싱가포르 상인들이 그 케찹을 영국 상인들에게 팔기 시작하면서 유럽으로 전파되었다. 그런데 영국의 한 요리사는 기존의 케찹에 쓰였던 아시아 재료 대신에 레몬, 생선, 굴 그리고 토마토 등 8가지 종류를 만들었다. 미국에서 케찹은 1792년 미국 필라델피아에서 출판된 《새로운 예술, 요리The New Art of Cooking》라는 책에서 처음 소개되었는데, 그 책 안에는 토마토케첩Tomato Catsup이라는 조리법이 소개되었다. 그래서 우리는 토마토케첩만 익숙하게 된 것이다. 1876년 하인즈의 창업주인 헨리 하인즈Henry J. Heinz가 토마토에 설탕을 첨가하는 등 변화를 주어 유리병에 담아 상품화하면서 근대적인 토마토케첩이 만들어지게 되었다.

새콤달달한 토마토케첩은 세상 어린이들이 보편적으로 좋아하는 소스다. 그런 케첩을 프랑스에서 사용금지했다. 대체 무슨 일이 있었기에? 다만 전 국민을 대상으로 모든 음식에서의 사용금지가 아니라 초등학교 식당에서 금지한다는 내용이다. 이유는 아이들이 너무 좋아하여 어느 때든지 다양한 요리에 사용하다보니 아이들이 케첩을 지나치게 먹음으로써 전통 프랑스 요리의 미각을 해치기 때문이라고 했다. 어려서부터 아이들의 미각을 지켜주기 위해 프랑스 정부는 케첩을 초등학생 대상으로 금지한 것이다. 그렇지만 지나친 금기는 오히려 부작용이 크기에 일주일에 한 번 감자튀김이 급식으로 나오는 날에는 예외라고 한다. 그래도 감자와 케첩의 찰떡궁합으로 아이들에게 최소한의 즐거움을 배려했다고 볼 수 있다.

　사실 미국에서는 늘 토마토케첩을 놓고 논쟁이 많았다. 프랑스처럼 미각의 차원이 아니라 분류의 차원 때문이다. 토마토가 미국에 들어왔던 초창기에 토마토를 과일로 볼 것인지 채소로 볼 것인지를 놓고 논쟁을 했던 것은 관세라는 돈 때문에 일어났다. 이번에는 토마토로 만든 케첩을 채소로 볼 것인지에 대한 논란이 레이건 정부 때부터 있었다. 다른 것도 아닌 역시 돈 때문이었다. 1980년과 1981년 미국의 학교급식보조금 삭감으로 신선한 채소 공급을 어려워하며 난처해하는 학교에게 정부기관은 급식재료 사용의 유연성을 제공하고자 했다. 아이들의 기본 영양요구량을 맞추는데 케첩을 직접 언급하지 않았지만 피클소스를 채소로 포함시키는 예를 제시하였다. 이것은 토마토케첩도 채소로 분류될 수 있는 여지를 마련해준 것이었다. 당연히 많은 비난이 있었다. 케첩은 식품군에서 채소류로 분류해도 되는가? 제조공정에서 들어가는 물엿과 설탕, 소금 등의 함량이 높다는 것은 어떻게 보아야 하나? 안타깝게도 학교급식음식에 들어가는 케첩은 합법적으로 채소로 분류되어 아이들에게 제공되고 있다. 다행이라고 해야 할까? 요즘에는 그나마 당과 나트륨을 반 가까이 줄여 만든 제품이 나와 선택의 폭이 넓어졌다.

　1999년 초 미국의 대표적 토마토케첩 회사인 하인즈는 〈뉴욕 타임스 매거진〉에 다음과 같은 헤드라인과 함께 하인즈 케첩 광고를 실었다. "라이코펜은 전립선과 자궁경부암의 위험을 줄이는 데 도움이 된다." 그러면서 라이코펜의 건강효과에 대한 논문도 언급했다. 정말 과감한 광고였다. 케첩은 가공된 토마토에 설탕, 소금을 함유하고 있어 건강식품으로 여기기에는 무리가 있다. 그럼에도 광고는 케첩의 원료인 토마토의 한 성분인 라이코펜을 강조하여 마치 케첩이 암 예방에 효과가 있는 건강식품과 같은 인상을 부각시켰다. 더욱이 라이코펜이 조리된 토마토에서도 존재한다고 보도한 미디어 덕분에 실제로 하인즈 케첩의 시장점유율이 증가되었다. 토마토를 먹으면 건강에 좋다. 그러나 케첩을 토마토와 같은 종류의 식품으로 보기엔 좀 곤란해 보인다. 이런 맥락이라면 식품 마케팅 담당자들은 어떤 식품에라도 기능성 성분을 첨가하여 정크푸드를 건강식품으로 둔갑시킬 수 있다. 그리고 맛이 좋다거나 가격이 적당하다면 소비자들은 그런 식품을 건강에 좋은 식품으로 여기고 구매할 것이다. 실제로 나 역시 그런 소비자 중 하나였다. 케첩이 채소라면 토마토케첩 몇 숟가락의 양으로도 채소로 얻을 수 있는 건강을 지킬 수 있다는 말인가? 케첩 생산자의 입장에서는 케첩이 잘 익은 토마토를 3배 정도 농축시켜 만든 것이기 때문에 케첩을 듬뿍 뿌려서 먹으면 부족한 비타민 A나 C, 그리고 라이코펜이나 베타카로틴 같은 항암물질도 어느 정도 보충할 수 있다는 주장이다. 말이 되는 것 같은데 아이들에게 케첩이 채소라고 가르칠 경우 아이들의 표정은 어떨까? 쉽게 수긍이 갈까? 케첩이 채소니 채소 먹기 싫으면 케첩을 맘 놓고 먹으라고 해도 되나?

프랑스에서 초등학교 아이들 학교급식에서 케첩을 금지한 것은 미각상실이라는 이유도 중요하지만, 신선한 채소를 먹는 식습관을 길러 성인이 되어서도 채소의 맛을 즐길 수 있기를 바라는 마음에서 시작되었음을 잊어서는 안된다.

3장
신화 속 음식

지중해 지역의 사람들은
올리브와 포도나무 경작을 배우면서부터
비로소 미개인에서 벗어났다.

-투키디데스 Thucydides

신화나 전설에는 옥수수, 쌀, 사과, 복숭아 등 음식에 관한 내용들이 많다. 별 의미 없이 지나쳐도 될법하지만 그것은 무엇보다도 음식이 생존을 위해 필수적이기 때문이다. 우리나라 단군신화에도 분명 쑥과 마늘이 등장한다. 그럼에도 불구하고 몇 년 전 아이들 사이에 대히트를 친 그리스·로마 신화의 음식 이야기가 제일 먼저 떠오르는 것은 어찌할 수 없는 일이다.

일상적인 음식이라 해도 신화 속에 나온 음식이라는 것을 알게 되는 순간, 우리는 그 음식을 바라보는 시선이 달라진다. 그리고 그 음식에 뭔가 의미를 부여하고 싶은 마음이 꿈틀거릴지도 모른다. 마음이 어찌 움직이든 음식 뒤에 숨어있는 이야기를 찾아내는 것은 참 재미있는 일임에 틀림없다.

신화 속 최고음식, 술

어느 시대, 어느 사회에서나 생존을 위한 주식이 있기 마련이다.

그러다보니 술의 원료가 되는 곡물은 그 땅의 주식이며 농경에 의해서 얻어지기 때문에 동서양을 막론하고 농경시대에 들어와 곡물로 만든 술은 농경신과 깊은 관계를 가진다. 그래서 술의 시작은 많은 신화나 전설과 관련되어 있다. 신화 중에서도 메소포타미아지방의 수메르인의 『길가메시Gilgamesh신화』에서 언급되는 술을 빼놓을 수는 없다. 메소포타미아 남부지역에서 문화를 꽃피우던 수메르가 국력이 쇠퇴해가고, 도시국가로서의 번영에 그늘이 드리우기 시작하자 사람들은 불안하였다. 그래서 그들은 마음을 달래기 위해 역사서나 영웅 이야기를 쓰기 시작하였는데, 그 중에 유명한 것이 신화 『길가메시 서사시』다. 길가메시 전설에는 다음과 같은 이야기가 있다.

> 먼 옛날 유프라테스 강가에 있던 우르크시에는 반신반인半神半人인 길가메시 왕이 있었는데 백성들을 억압하고 괴롭혀서 백성들은 신에게 부탁하여 길가메시를 혼내 달라고 기도했다. 이 기도를 들은 신들은 엔키두Enkidu라는 털복숭이 원시인을 만들어 보냈다. 그러자 길가메시는 오히려 엔키두에게 예쁜 여자를 보내어 유혹하도록 하였다. 그녀는 엔키두에게 빵과 맥주 마시는 법을 가르쳐 오히려 인간으로 만들었다. (…) 결국 길가메시와 엔키두는 서로에게 호감을 갖게 되고 서로 힘을 합하여 갖가지 모험을 하게 된다.

이에 따르면 빵과 맥주를 먹는다는 것은 당시에 인간으로서 중요하였다는 점을 알 수 있다.

고대 이집트 사람들은 각종 신들을 섬겼는데, 이집트 신화의 태양의 신 '오시리스Osiris'는 율법과 농경법을 사람들에게 가르쳐 야만적인 생활에서 벗어나게 했으며, 그의 아내 '이시스Isis'는 밀과 보리로 빵과 맥주 만드는 법을 가르쳤다. 맥주의 흔적은 고대 이집트 유적들에서 자주 발견된다. 맥주는 고대 이집트 사람들에게 아주 중요한 음료로 신에게 바쳐졌고 죽은 자를 위한 부장품으로 무덤 속에 넣어졌다. 야콥 블루메의 『맥주, 세상을 들이켜다』에 따르면, 이집트의 제사장은 장례식이 진행되는 동안, 죽은 이의 제단에 맥주 한 잔을 놓으며 이렇게 말했다. "오시리스의 눈에서 흐른 눈물을 마시게나." 여기에서 눈물이라는 표현은 맥주를 가리킨다. 빵과 맥주는 죽은 이가 무덤 속에서 반드시 누려야만 하는 기본 필수품이었다.

　맥주가 이집트(메소포타미아 지역) 사람들의 술이었다면, 포도주는 그리스(지중해 지역) 사람들의 술이었다. 맥주는 곡식을 빻아 물과 섞어 '만드는' 음료였지만 포도주는 아무런 노력을 기울이지 않아도 '저절로' 술이 되는 '신의 선물'이었다. 이집트에서는 오시리스와 이시스가 맥주의 신으로, 그리스에서는 디오니소스가 포도주의 신으로 섬김을 받았다. 포도주는 맛도 맛이려니와 마시고 나면 느낄 수 있는 마법과 같은 영롱한 기분, 아니 신비함마저 느끼게 되어 그리스와 로마지역에서는 종교적으로 경건하게 다루어졌다. 그리스에서의 주신 디오니소스Dionysus와 로마에서의 주신 바카스Bacchus는 최고의 포도주 신으로, 여기서부터 포도주와 신이 관련을 맺는다.

　주신酒神, 디오니소스는 제우스의 아들로, 인간 세멜레가 어머니다. 남편의 바람기에 질투심이 강한 헤라는 늙은 여자로 변장해서 세멜레에게 다가가 제우스의 진짜 모습을 보여 달라 제우스에게 요구하게 만들었다. 이에 제우스는 번개로 변장했으나 불행하게도 임신 중이었던 세멜라가 제우스의 번개를 맞아 타버리고 말았다. 그나마

구스타프 모로, 〈제우스와 세멜레〉, 1895년

다행히도 제우스가 재속에서 미숙한 아기를 잡아채서 헤르메스의 넓적다리 사이에 감추었다. 그래서 디오니소스는 헤르메스의 다리 사이에서 태어나 두 번 태어난 아기, 즉 어머니가 둘인 아기가 되었다. 날개 달린 신발을 신은 헤르메스는 그 아기를 깊은 니사 산으로 데려갔다. 그곳에서 디오니소스는 요정들에 의해 꿀과 주변의 포도나무에서 딴 포도송이를 먹고 자랐으며 자연스레 포도즙 짜는 법과 포도주 만드는 법을 터득하였다. 성장한 디오니소스는 인간들에게 걱정

과 근심을 쫓아버리고 잠시라도 신과 같은 기분을 느끼도록 하기 위
해 포도주를 실은 마차를 끌고 세상세계로 나가 각지를 떠돌아다녔
는데, 이것은 헤라가 그에게 광기狂氣를 불어넣었기 때문이라고 한다.
이유야 어쨌든 그는 세상을 떠돌아다니면서 포도재배를 각지에 보급
했다고 전한다.

그러던 중 그가 그리스에서 처음 만난 사람이 아티카의 이카리오
스였고, 디오니소스는 자신을 기꺼이 맞이해준 보답으로 그에게 포
도주를 선물로 주었다. 이카리오스는 디오니소스로부터 받은 포도주
선물을 아티카 사람들에게 나누어주었다. 그러나 불행하게도 포도주
를 너무 많이 마셔 알딸딸해진 아티카 사람들은 자신들에게 독을 주
었다고 이카리오스를 죽였다. 역시 술은 지나치게 마시면 광기가 생

니콜라 푸생, 〈디오니소스(바쿠스)의 탄생〉, 1657년

겨 자신이 무슨 일을 저지르는지 모르게 된다.

　고대 아테네에서는 3월말에서 4월초까지 약 일주일간 디오니소스 신을 기리는 축제가 열렸다. 축제동안 그리스 사람들은 포도주를 온 몸에 뒤집어 쓸 정도로 밤새도록 포도주를 마셨다. 포도주는 그리스 사람들에게 1년에 하루는 수치심을 버리고 인습을 거부할 수 있는 힘을 주었다. 말 그대로 그리스 사람들에게 포도주는 '신의 축복'이었다. 그리스에서 신화에 관한 연극이 발달하고, 시인이 많이 배출될 수 있었던 것은 이러한 축제 때문이라고 보는 사람도 있다. 그리스 사람들은 술을 마시면 디오니소스신의 조종을 받아 자신의 마음속에 있는 진실을 다 밝힌다고 믿는다. 이것이 취중진정발醉中眞精發의 시초라고 할 수 있다. 그러니 잘못을 저질러놓고 술 취해서 한 일이라며 변명을 하지만 그것은 설득력이 없어 보인다.

　맥주하면 독일인데, 그들의 선조라고 할 수 있는 고대 게르만족들의 신과 맥주에 관련된 일화는 스칸디나비아의 영웅전설인 에다Edda신화를 통해 전해진다. 맥주가 독일에서 만들어진 시기는 기원전 800년경으로 보고 있다. 그들은 보탄Wotan 신의 침이 양조장에 있어 맥주제조가 가능하다고 믿었다. 당시 사람들은 맥주를 먹고 취하는 것을 신성한 것으로 여겼다. 맥주에는 영혼 혹은 신이 들어있다고 믿었다. 그들은 신뿐 아니라 자신들의 즐거움을 위해서도 맥주를 만들었다. 에다신화에 따르면 포도주는 신을 위해, 맥주는 인간을 위해, 발효된 꿀에 물을 섞어 만든 꿀술은 죽은 자를 위해 만든 술이라고 한다. 기독교를 믿은 이후 영국과 독일에서는 'Godisgood'(혹은 'Gottesgut') 신이 맥주를 발효시킨다고 믿었다. 이 단어를 해체해보면, 'God is good'이다. 맥주가 얼마나 좋았으면 맥주 만드는 신은

good! 스위스 사람들은 '맥주마녀Beer Witch'가 만든다고 믿었기에, 맥주가 제대로 만들어지지 않으면 그것은 '맥주마녀' 때문이라고 믿는 미신이 있었다. 그런데 홉을 사용하면서 맥주는 덜 상하고 양조과정도 더욱 안정되어 '맥주마녀'를 탓하는 일도 적어지게 되었다.

이집트 맥주는 그리스와 로마를 거쳐 유럽으로 전파되었는데, 로마의 시저Julius Caesar가 이끄는 군대는 중부 유럽과 영국에 맥주파티 풍습을 전파하였다. 간혹 자부심 강한 영국인은 영국의 에일Ale에서 맥주기술이 시작되었다고 믿는 사람도 있지만, 실제로 영국을 포함하여 북유럽의 기후는 보리가 자라기에 적절하였으므로 맥주 만들기에도 적절하였을 거라고 본다. 독일과 영국에서도 역시 맥주는 수메르인이나 이집트인처럼 늘 마시는 일상적인 음식이 되어 '액체형 빵'이라고도 하였다.

신화 외에도 기독교에서는 물을 포도주로 변하게 하는 기적이 나타나고, 신성한 성찬식에 포도주를 사용하며, 포도주는 그리스도의 피를 대신한다. 그리스도가 포도주를 자신의 피라고 말한 것을 계기로 교회 근처에 포도밭이 생겨나고 양질의 포도주가 생산되었다. 이 외에도 『구약성서』에는 하느님이 노아에게 포도재배방법과 포도주 만드는 법을 가르쳐주었다는 이야기를 비롯하여 성서의 많은 곳에서 포도주에 대한 이야기가 나온다. 그렇다면 맥주에 관한 이야기는? 성서에는 맥주에 관한 이야기가 없다. 기독교의 성지라 할 수 있는 이스라엘과 맥주의 발상지라 할 수 있는 이집트와는 지리학적으로 그리 멀리 위치해 있지 않은데, 기독교에서 맥주를 언급하지 않는 것은 모세의 이집트 탈출과 같은 기독교 역사와 밀접한 관련이 있을 거라고 추측해본다.

동양의 유토피아 과일, 복숭아

서양의 신화에 술이 자주 등장한다면, 동양의 신화나 설화, 특히 도교에서 가장 많이 등장하는 것이 복숭아가 아닐까 싶다. 서양의 기독교 문화에서 사과가 선악과善惡果로 묘사된다면 중국 문화권의 영향을 받은 곳에서 복숭아는 선과仙果로 표현된다. 무릉도원에서 신선이 먹는 과일로 불로장생을 상징하는 과일이다. 그래서였을까? 가난했던 화가 이중섭은 가까운 친구가 아프면 문병 갈 때 친구의 무병장수를 바라는 마음으로 천도복숭아 그림을 그려갔다고 한다. 고려 때에는 중국 풍습의 영향을 받아 봄에 아기가 태어나면 그 아이의 무병장수를 기원하는 마음으로 복숭아꽃으로 얼굴을 닦아주는 풍습이 있었다고 한다.

동양화에서 무릉도원武陵桃源을 그릴 때 복숭아꽃이 활짝 핀 장면을 그린다. 무릉도원은 말 그대로 복숭아꽃이 피는 언덕마을이다. 그러니 무릉도원에 사는 신선은 복숭아를 안 먹으래야 안 먹을 수 없었을 것이다. 무릉도원에 피는 꽃이 사과꽃도 아니고 앵두꽃도 아니고 굳이 복숭아꽃인 것은 중국 시인 도연명의 〈도화원기〉에 묘사된 도화원 이미지의 영향을 받은 것이다. 중국문화를 받아들인 우리 선조들도 문학과 예술품에 복숭아를 소재로 하였고, 혼례복과 같은 화려한 예복에도 자수로 복숭아를 그렸다. 선비들은 늘 곁에 두고 사용하는 연적과 같은 문방에도 복숭아 문양을 사용하였다.

복숭아를 이야기하면 슬그머니 손오공이 떠오른다. 삼천 년에 한 번 열린다는 천상의 복숭아를 훔쳐 먹고 늙지 않게 된 손오공. 이처럼 복숭아는 중국 외에도 일본, 라오스, 베트남 등의 전설이나 설화에 자주 등장한다.

　세상 근심 다 없애줄 것 같고 성스러울 것 같은 이런 환상적인 의미를 담고 있는 복숭아는 아이러니하게도 아시아 여러 나라에서 살구와 함께 관능을 상징하는 과일로도 통한다. 이는 통통한 모양새와 달콤한 향 때문에 복숭아를 성숙한 성적 매력과 관련하여 생각했다. 복숭아의 붉은 뺨과 같은 색깔, 부드러운 솜털이 나있는 껍질, 즙이 물씬 흐르는 과육, 그리고 향기로운 냄새는 수줍은 듯한 젊은 여인을 연상시키기에 충분하였으며 자연스럽게 손이 가게 만들었다. 프랑스에서는 복숭아에 여자 이름을 붙여 복숭아와 여자를 연상시켰고 중국 사람들은 아예 노골적으로 복숭아를 여성의 성기를 상징하는 것으로 신부와도 연계하였다. 이와 관련된 일본의 전설 중에 모모타로 이야기가 있는데, 그는 복숭아 속에서 태어났다고 한다. 그래서 모모타로를 복숭아 소년이라고도 부른다. 이 전설에 따르면, 자식이 없던 한 할머니가 강에서 둥둥 떠내려 오는 복숭아 하나를 주워 집으로 가져가 한 입 베어 먹었다. 그 순간 할머니는 젊은 여인으로 변했다. 이 사실을 모르고 집에 돌아온 할아버지는 젊고 예쁜 여인을 보고 깜짝 놀라자, 할머니는 그 신비의 복숭아에 대해 이야기해주고는 남은 복숭아 조각을 할아버지에게도 먹였다. 그러자 할아버지 역시 젊은 청년으로 변했다. 젊어진 할아버지와 할머니는 그날 밤 사랑을 나누었고 그 후 젊어진 할머니는 아들을 낳았는데, 이 아이의 이름이 바로 모모타로다. 이것은 일본 사람들 역시 복숭아가 여성의 엉덩이를 닮았다 하여 복숭아를 다산의 상징으로 여기는 데서 비롯된 이야기일 것이다.

　복숭아는 신선의 과일임과 동시에 귀신 쫓는 힘이 있다고도 믿어져 제사상에도 올리지 않았다. 이것 역시 아마도 여성의 엉덩이나 성기를 연상케 하는 복숭아의 에로틱한 생김새 때문에 감히 조상신들이 찾아오는 제사상에 올릴 수 없었던 것 아닐까?

언젠가 어느 사찰에 방문한 적이 있었다. 때마침 사찰 관계자분이 불상 앞에 공양한다고 복숭아가 들어있는 과일 바구니를 가져다 놓았다. 그러자 사찰 안을 구경하던 관광객 하나가 복숭아를 올리는 게 맞냐고 반문했다. 당황해하는 관계자에게 나는 무릉도원의 신선이 먹는 과일이니 부처님도 좋아하지 않겠냐고, 다 생각하기 나름이라고 말해주었다. 기쁜 마음의 정성이 중요하지 않겠냐고 덧붙여 말하면서.

복숭아의 식물학명은 'Prunus persica'로 '페르시아 사과'로 통했던 때가 있었다. 실크로드를 통해 중국에서 전파된 복숭아를 알렉산더 대왕 정복 때 페르시아에서 발견했기 때문에 잘못 붙여진 이름이다. 이름이 어찌되었든 유럽과 미국에 전파된 복숭아는 칭찬을 듬뿍 받는 과일이 되었다. 소설가 조르주 뒤 모리에George du Maurier(1834~1896)가 "사과는 훌륭한 과일이다. 복숭아를 먹어보기 전까지"라고 칭찬할 정도의 복숭아peach에 대한 그런 태도는 언어에도 반영되었다. 'peachy keen'은 '훌륭한'이란 뜻이고, 'peaches and cream'은 솜털이 보송보송 난 분홍빛 뺨을 하고 있는 매끈한 피부란 뜻과 함께 '아주 훌륭한'이란 뜻을 가진다. "It's a peach of an idea.(훌륭한 생각입니다.)"

흥미로운 것은 무릉도원에 피는 복숭아꽃과 고향집에 피는 복숭아꽃은 평안과 안락함, 포근함을 연상하는 반면에 복숭아 열매처럼 반전의 의미를 가지고 있다. 온 세상이 칙칙했던 겨울이 지나고 봄볕 따뜻한 날의 복숭아꽃의 연분홍색이 사람의 마음을 살랑살랑 설레게 만들어서 인지 호색과 음란을 뜻하기도 한다. 그래서 우리 선조들은 집안이나 우물가에 복숭아나무 심기를 꺼려했다. 이것은 여자들의 마음을 흔들지 않게 하려는 뜻일 게다. 도화살이 낀 사람은 마음을 한곳에 두지 못하고 이곳저곳을 두루두루 떠다닌다고 하니 여자들을 자극하지 않으려는 뜻으로 보인다.

파리스의 황금사과

사과하면 앞에서 이야기했듯이 할 이야기가 참 많다. 현대사회에서는 컴퓨터와 휴대폰의 애플이 있는가 하면, 과학자들에게는 뉴턴의 사과가 있고, 꼬마 아이들에게는 백설공주의 독사과가 있고, 역사학자들에게는 오스트리아로부터 스위스 독립운동의 시발점이 된 윌리엄 텔의 사과가 있다. 그러나 그리스 신화에는 황금사과가 있다.

그리스 신화에 등장하는 불화의 여신 에리스는 올림포스 산에서 열린 펠레우스와 테티스의 결혼식에 초대받지 못했다. 화가 난 에리스는 잔치에 '가장 아름다운 자에게To the fairest'라고 쓰인 황금사과를 던졌다. 역시 심술궂은 에리스다운 행동이었다. 그러자 헤라, 아테나, 아프로디테는 그 사과가 서로 자기 것이라며 싸우자, 제우스는 트로이의 왕자 파리스에게 판단하도록 했다. 여신이든 그냥 인간 여자이든 예쁘다는 소리에 약해지는 것은 불변의 법칙이다. 이 때 세 여신은 그 사과를 받기위해 파리스에게 각각 조건을 제시한다. 최고의 여신이며 질투의 여신인 헤라는 지상 최강의 절대권력을, 지혜

루벤스, 〈파리스의 심판〉, 1635~1638년경

의 여신 아테나는 끝없는 지혜를, 사랑과 미의 여신 아프로디테는 지
상 최고 미인과의 결혼을 파리스에게 약속하였다. 질량보존의 법칙
과 같은 불변의 법칙에 세월이 흘러도 세상 모든 남자에게는 예쁜 여
자가 최고라는 불변의 법칙이 또 하나 추가다. 파리스 역시 세상에서
가장 아름다운 여자와 사랑에 빠지게 되는 것을 조건으로 아프로디
테에게 황금사과를 주었다. 파리스는 아프로디테가 약속한 '세상에
서 가장 아름다운 여자' 헬레네를 데리고 트로이로 갔다. 문제는 헬
레네가 스파르타의 왕 메넬라오스와 이미 결혼한 상태였다. 세상에
자기 부인을 빼앗기고 가만히 있을 바보가 있겠는가? 이로 인해 메
넬라오스를 중심으로 이루어진 그리스군은 트로이로 당장 진격했다.
이게 바로 그 유명한 트로이 전쟁이다. 그리스군에는 그 유명한 아킬

레우스와 오디세우스가 있었고, 트로이군에는 헥토르와 아이네아스가 있었다. 그러니 전쟁이 쉽게 끝날 리 없었을 것이니 10년 동안이나 계속되었다. 결국 오디세우스가 짜낸 우리가 알고 있는 트로이 목마의 계책으로 그리스군의 승리로 끝났다. 사필귀정. 남의 여자를 탐했으니.

여기에서 의문이다. 영어 'fair'는 일반사람들은 '공정한'이라는 뜻으로 알고 있다. 그러니 '가장 공정한 자'에게 황금사과를 주어야 하지 않겠는가? 그리고 가장 아름다운 자라면 아프로디테도 스스로 인정한 헬레네가 아니던가? 부족함이 없을 여신들이 사과 하나에 모두 이성을 잃게 만들었으니 '가장 공정한 자'에게 주어져야 할 황금사과는 누구에게 돌아가도 이미 의미는 사라졌다고 본다. 어쩌면 스스로가 가장 아름다운 자가 아님을 인정한 아프로디테가 세 명의 여신 중 가장 공정한 자로 보인다. 그래서 어찌되었든 황금사과는 제 주인을 찾았는지 모르겠다. 그러나 여기에서 황금사과가 중요한 게 아니고 차라리 '가장 아름다운 자'라는 말에 여신들 역시 우리 인간과 마찬가지로 예쁘고자 하는 마음이 똑같았다는 동질의식에서 오는 친근감을 가져야 할까보다.

페르세포네가 먹은 석류

▶

그리스신화에서 제우스와 데메테르 사이의 딸이 페르세포네다. 데메테르는 올림포스의 방탕한 신들로부터 딸을 숨겨 키웠다. 그런데 페르세포네가 지하세계의 신 하데스에게 납치되어 끌려가자, 데메테르는 여신이 아닌 엄마로서 딸을 찾아 헤매는 동안 지상의 곡식 성장을 돌보지 않아 세상은 온통 기근에 시달리게 된다. 사실 하데스는 장난기 많은 에로스의 화살을 맞았던 것이다. 하필 사랑의 화살을 맞은 하데스의 눈에 처음 띈 상대가 바로 땅과 곡식의 여신 데메테르의 딸이자 천하절색 페르세포네였다. 페르세포네는 친구들과 꽃을 따며 놀고 있었는데, 연정을 느낀 하데스가 그녀를 납치한 것이다. 세상 모든 일 제쳐두고 딸만 찾아다니는 데메테르를 보고 어찌할 수 없었던 제우스는 형인 하데스에게 페르세포네를 놓아주라고 한다. 하데스는 그녀를 그냥 보내주기 애석해 누구든 지하세계의 음식을 먹으면 땅 위로 올라갈 수 없다는 점을 이용해 페르세포네에게 석류를 권하였고 그 사실을 전혀 모르고 있던 페르세포네는 석류 4알을 먹었다. 그러나 제우스의 중재로 1년 중 먹은 석류 알 수에 해당하는 4개월만 지하세계에 있게 되었는데, 이 기간 동안에는 데메테르의 분노로 땅의 생기가 사라져 곡식이 자라지 않게 되었다. 바로 이 기간이 모든 식물의 생장이 멈추는 겨울이다. 겨우내 땅 속에 있던 씨앗이 봄이 되면 파릇파릇 솟아나는 것은 겨울에 지하세계에 있던 페르세포네가 봄이 되면 지상으로 나오는 것이다. 따라서 농민들은 페르세포네가 지하세계에서 돌아오는 봄을 손꼽아 기다렸다가 다시 농사일을 시작했다.

곡물과 대지의 여신인 그리스신화의 데메테르를 로마신화에서는 케레스Ceres라 부른다. 곡물이나 아침밥 대용으로 먹고 있는 시리얼cereal은 고대 로마신화의 여신인 케레스Ceres에서 비롯되었다. 데메테르는 이처럼 모성애와 연상되는 여신이기도 하다. 고대 로마 사람들은 데메테르에 상응하는 케레스를 기념하기 위해 4월에 '시리얼리아'Cerealia'라는 축제를 열었다. 축제동안 여자들은 딸을 찾아 헤매고 다니는 케레스를 상징하기 위해 흰색의 드레스를 입었다.

위에서 언급한대로 페르세포네는 하데스가 건네준 석류를 먹었다. 하필 왜 석류였을까? 당시 그리스나 로마 주변에 흔한 과일이 석류였을지도 모른다. 석류 원산지는 페르시아(지금의 이란지역)이지만 그리스와 페르시아는 지리적 접근성이 용이해서 그리스에는 올리브, 포도, 무화과를 비롯해 석류도 많이 재배되는 과일 중 하나였을 것이다. 아니면 일종의 수입과일이어서 페르세포네가 호기심에 쉽게 받아 먹을 것을 하데스가 알았기 때문일까? 그 해답을 제우스에게서 찾아볼까 한다.

석류 탄생에 얽힌 신화는 영롱한 석류의 아름다움과는 사뭇 다르다. 문제는 천하의 바람둥이 제우스에서 시작되었다. 위에서 언급한 것처럼 데메테르가 딸을 남들 몰래 키우려한 것도 제우스의 바람둥이 트라우마에서 비롯되었다고 본다. 천하의 바람둥이 제우스는 어머니 레아를 범하려다 칠칠맞게도 자신의 정자를 바위에 떨어뜨렸다. 지금 같아서는 신이고 뭐고 천벌을 받았을 텐데. 정말 천벌이었을까? 그곳에서 신도 인간도 모두 두려워하는 괴물 아그디스티스가 태어났다. 모두가 그를 없애고자 했지만 감히 엄두를 내지 못했다. 그러자 술에 취해 사리판단력이 없어져서였는지 아니면 신과 인간을 위해서 고양이 목에 방울을 달아주려는 용기를 내서였는지, 디오니소스가 잠자고 있던 아그디스티스의 남성성을 거세했다. 그 때 뿌려진 피에서 자라난 것이 석류다. 석류의 반짝이는 붉은 색은 잔혹한 피였다. 그 영롱한 석류는 결국 제우스의 죄로 인해 생겨난 결과물이다. 그래서 그 과일을 먹은 딸이 제우스 대신에 어두운 지하세계에 머물러야 하는 벌을 받게 된 것이 아닐까? 가장 큰 벌은 자신이 받는 것보다 자식이 대신 받는 게 더 괴로울 테니.

누구라도 잘 익어 턱 벌어진 석류를 보면 따고 싶듯이, 강의 신 상가리오스의 딸인 님프 나나가 어느 날 석류 하나를 따서 가슴에 숨겼다가 자기도 모르는 사이에 임신해 아티스를 낳았다. 혹시 이것도 제우스의 농간? 흥미롭게도 석류를 가슴에 숨긴 것만으로도 임신을 하게 하는 석류는 우리나라를 비롯한 많은 나라에서 열매를 많이 맺는 것처럼 자손을 많이 낳는 다산을 상징한다. 실제로 석류의 영어이름 'pomegranate' 속에는 '씨앗 많은 사과'라는 의미를 품고 있다. 씨앗은 자손을 의미하니 세상이치가 다 비슷한 것이다.

"석류 껍질 안에 붉은 구슬이 부서졌구나!"

그리스와는 거리가 먼 율곡 이이 선생의 어린 마음에도 구슬처럼 보이는 석류의 붉은 색은 유혹이었다. 우리나라에는 율곡선생처럼 석류에 유혹되어 관심을 보인 시인들이 많다.

다음은 시인 조운의 시 〈석류〉다.

투박한 나의 얼굴
두툼한 나의 입술

알알이 붉은 뜻을
내가 어이 이르리까

보소라 임아 보소라
빠개 젖힌

이 가슴

다음은 시인 김민부의 시 〈석류〉다.

불 타오르는 정열에
앵도라진 입술로
남 놀래 숨겨온
말 못할 그리움아
이제야 가슴 뻐개고
나를 보라 하더라
나를 보라 하더라

다음은 시인 이영도의 〈석류〉다.

다스려도, 다스려도
못 여밀 가슴 속을

알알 익은 고독
기어이 터지는 추정

한 자락
가던 구름도
추녀 끝에 머문다.

곡류의 창조신화
▼

　지구상에는 여러 민족이 각기 다른 자연환경에서 제각기 그 환경에 맞는 곡물을 재배하여 자연스럽게 주식을 형성해가고, 그 주식으로 인해 그 나름대로의 독특한 문화를 이루고 살아간다. 그래서 쌀, 밀, 옥수수와 같은 대표적 곡식 문화의 바탕에는 모든 사물에서처럼 그에 얽힌 신화나 전설이 있다.

　앞에서 데메테르가 딸을 찾아 헤매고 다니느라 풍요의 축복을 거부하는 사태에 대해 이야기했다. 딸을 찾아다니던 데메테르가 아티카에 있는 엘레우시스 땅에 이르렀을 때, 왕 켈레오스에게 쉴 곳을 요청했다. 당연히 데메테르인 줄 알면 누구든 최고의 대접을 했겠지만, 데메테르는 지친 늙은 여자로 가장하고 있었기에, 왕은 그 여자에게 아들 데모폰과 트립톨에모스를 돌보며 지내도록 했다. 데메테르는 왕의 친절함에 보답하기 위해 데모폰을 불사신으로 만들어 주고자 했다. 그래서 그녀는 아기 수명의 유한성을 태워 없애기 위하여 몰래 데모폰에게 신의 음료, 암브로시아를 발라주고 난로의 불길에 놓았다. 그러나 과유불급이라고, 아기의 엄마 메타네이라가 나타나 놀라 소리치자 데메테르는 그 계획을 포기했다. 결국 데메테르는 정체를 밝히고 왕의 다른 아들 트립톨에모스에게 밀알과 나무쟁기를 주고 경작법을 가르쳐주었다. 또 용이 끄는 마차를 선물로 주어 지상 곳곳의 인간들에게 밀알을 나누어주게 하였다.

　반면에 아시아에서는 쌀에 관한 신화나 전설이 내려온다. 우리에게도 밀보다는 쌀이 익숙하다. 아시아지역 대부분이 쌀을 경작한다는 이유도 있지만 아시아에서 쌀은 단순한 곡식이 아니다. 하나의 문

화요, 생명이요, 역사다. 그리고 이런 정신은 쌀에 관한 수많은 신화
와 전설로 살아남아 있다.

미얀마(버마) 북부지역에 사는 카친족은 자신들의 조상이 지구 한
가운데에서 볍씨를 가지고 이 세상으로 나왔다고 한다. 쌀은 그들의
창조신화에서 중요한 부분을 자리하고 있듯이 오늘날에도 그들의 주
요 식품이 되고 있다. 발리에서는 비쉬누 신Vishnu(힌두교에서 숭배하는
삼신의 하나로 우주를 보존하는 신)이 지구에게 쌀을 만들게 명령하였고,
인드라신Indra(악귀 아수라와 싸워서 세상을 수호하는 신)이 사람들에게 쌀
재배법을 가르쳤다고 믿고 있다. 이 두 이야기에서 쌀은 '신의 선물'
로 간주되어 오늘날에도 이 두 지역에서 쌀을 귀하게 여겨, 쌀 경작
은 정교한 제식과 연결되어 있다. 그래서인지 이들 지역의 종교인 힌
두교와 불교의 경전에는 쌀이 자주 언급된다. 이와는 달리 구약성경
이나 이슬람경전에는 쌀에 대한 언급이 없다. 힌두교와 불교에서 쌀
은 신에게 바치는 주요 음식이었다. 이외에도 새가 하늘에서 혹은 성
지聖地에서 벼이삭을 물고와 땅위에 떨어뜨려 생겨났다는 설 등, 쌀에
대한 신화나 전설이 다양하게 있다.

중국에서 쌀은 '동물의 선물'이다. 옛날 옛날에 중국에 엄청난 홍
수가 일어난 적이 있다. 사람들은 언덕 위로 피난을 갔다가 물이 빠
져나가고 내려와 보니, 모든 식물들이 다 쓸려나가고 먹을 것이 남아
있지 않았다. 그런데 어느 날, 개 한 마리가 들판을 건너오고 있었다.
꼬리에는 길고 노란 조그만 씨앗 한 뭉치가 걸려있었다. 사람들은 그
씨앗을 땅에 심었다. 바로 쌀이었다. 지금도 중국 사람들은 쌀을 진
주나 옥보다 더 귀중한 것으로 여기고 있다.

일본의 신도神道 즉 일본에서 자생적으로 시작된 일본 특유의 범

신론적 신앙으로 자연과 조상을 숭배하는 믿음에 따르면, 일본천왕은 벼 신의 살아있는 화신이다. 주식인 쌀을 먹을 수 있다는 것만으로도 천왕을 신으로 모시기에 충분하다고 생각하는 일본인들에게 창조신화를 의식하고 있든 그렇지 않든, 그들은 자신들의 생활에 젖어 있는 쌀의 문화적 역할을 부인하지는 않을 것이다.

이외에도 인도네시아 지역에서는 데위 스리Dewi Sri라는 여신이 쌀과 다산과 번영을 관장한다고 믿는다. 주로 아시아 지역을 중심으로 전해지던 쌀은 원산지에서 서쪽의 육로를 따라 기원전 1000년경에 중동으로 건너갔고, 기원전 344~324년 인도로 출정하였던 알렉산더 대왕의 무리에 의해서 로마, 그리스와 지중해 영역으로 전래되었다. 당시 그들은 쌀이 아닌 쌀로 만든 술을 수입하였다. 유럽으로 전파된 쌀은 그리스와 시실리를 중심으로 점차 유럽의 남부지역으로 그리고 북아프리카의 일부지역으로 전해졌다. 그러나 16~17세기에 말라리아malaria가 유럽 남부지역에서 자주 발생하였다. 이름에서 알 수 있듯이 사람들은 그것이 습지의 나쁜 공기mal-air에 의해 전염된다고 믿었다. 그래서 남부 이탈리아에서는 주요 배수로 사업이 이루어졌고, 일부 지역에서는 습지에서의 쌀 재배를 저지하였다. 아예 많은 대도시 근처에서는 쌀 재배가 금지되었다. 이런 대책으로 유럽에서 쌀의 전파는 심각한 영향을 받았다. 논이 나쁜 공기를 가지고 있다는 의심은 르네상스시대가 끝날 때까지도 완전히 사라지지 않았다. 만약 쌀의 전파가 수월했다면 세상의 역사는 또 한 번 발칵 뒤집어졌을지도.

쌀 재배의 전파는 단순한 식량의 전파가 아니었다. 농업기술의 교류를 통해 문화교류도 이루어졌다. 쌀을 재배하고 있는 거의 모든 지역은 나름대로의 독특한 문화를 이루어 현재 세계 문화유산의 일부가 되고 있음은 중요하다. 쌀 문화는 생활 속에 있는 노래, 그림, 이야기 등을 통해 정신적인 면에 영향을 주었다. 예를 들어 중국이나 일본 등의 쌀 재배 민족은 쌀을 단순한 곡물이 아니라, 영혼을 지닌 인격체로 여겼다. 그래서 쌀은 초자연적인 것과 관계가 깊은 종교행위로까지 승화되었고, 쌀에 깃든 영혼이 달아나면 기근이 든다고 믿었다. 일본 『고사기』나 『일본서기』에 의하면 쌀은 신의 배 속에서 자라났다고 하여 신성시했다고 기록되어 있다.[1]

특히 라오스와 같은 동남아시아의 쌀 재배 민족은 쌀을 모성적인 인격체로 여겨, 수확제는 벼의 어머니를 축복하는 행사로 마지막 남은 볏단으로 인형을 만들었다. 어머니(벼)에게서 자손(쌀)이 태어난 것을 상징한다고 보면 된다. 심지어 오늘날에도 일본에서는 쌀을 '어머니'로 여기고 농부를 자신들 문화의 수호자로 여기는 정신이 남아있다. 이런 영적 혹은 모성적 인격의 결합으로 인해 원시적 농경생활이 모계중심이었음을 짐작할 수 있고, 또 곡물의 풍요를 여성의 분만과 연관시켰음을 짐작할 수 있다. 세계 도처의 곡물재배사회에서 볼 수 있는 풍요의 신, 생산의 신, 대지의 신 대부분이 여성이라는 사실이 이를 뒷받침한다. 이것은 여자가 생명을 잉태하고 양육하기 때문이다. 많은 지역에서 술을 여자가 빚는 것도 이런 이유에서다.

마찬가지로 쌀은 우리 민족의 역사와 함께 오랜 세월 동안 우리의 삶과 환경을 지켜주었고 문화적 전통을 유지하며 살 수 있는 삶의 터전을 이루게 하였다. 따라서 쌀은 식량으로서뿐 아니라 우리민족의 삶을 지탱시켜온 신앙이고 경제수단이며 쌀과 함께 태어나서 쌀과 함께 인생을 마감하는 정신적인 뿌리다. 쌀이 우리의 주식으로 정착하게 된 것은 자연환경에 따른 자연현상으로 볼 수 있다. 그리고 이런 벼농사를 통해 안정된 농경사회와 조상숭배의 아름다운 전통적 농경문화를 유지하였다. 벼가 전래된 후 벼는 매우 소중한 작물로 재배되었고 수확한 쌀로 떡을 만들어 수호신이나 조상신을 숭배하는 제사에 바치는 신성한 제물로 쓰였다. 지금도 우리가 상례와 제례 시 쌀로 빚은 술과 떡으로 예를 갖추는 것도 여기에서 비롯된 것으로 볼 수 있다.

옥수수는 아메리카 대륙에서 유럽에 소개된 곡식이다. 그래서 아메리카에는 옥수수에 관한 전설이나 신화가 다양하다. 식물학자들에 따르면, 옥수수는 자연의 그 어떤 곡물과 유사성을 가지고 있지 않아 수수께끼와 같은 식물이라고 한다. 그 점이 옥수수에 관한 창조신화를 다양하게 만들었을 것이다. 예를 들어 아마존 유역에서는 하늘의 별이 여성으로 모습을 탈바꿈하여 지상으로 내려와서 인간에게 옥수수 심는 법을 가르쳤다고 하고, 에콰도르 지역의 신화에서는 여자로 변한 앵무새가 인간에게 옥수수 씨앗을 주었다고 한다. 나바호족은 옥수수가 신비의 암컷 칠면조에서 나왔다고 하고, 로드아일랜드 인디언들은 까마귀가 떨어뜨려주었다고 하고, 세미놀족은 옥수수 신인 파스타치가 가지고 왔다고 하고, 톨텍족은 깃털이 있는 뱀이 주고 간 선물이라고 믿는다.

아메리카의 아즈텍 사람들과 마야 사람들은 옥수수를 단순히 주식으로 먹는데 그치지 않고, 숭배대상으로 여기기도 했다. 그런데 콜럼버스가 아메리카 대륙을 발견한 후, 유럽 사람들은 무식하고 미개한 인디언들이 먹는 음식, 즉 '인디안 밀'이라며 말에게 옥수수를 먹이자 아즈텍 사람들은 그것을 신에 대한 모독이라며 매우 언짢아했다. 유럽 사람들은 더 나아가 옥수수를 이스탄불에 있는 사탄의 의미로 '터키 밀'이라 불렀다. 힘이 없는 아즈텍 사람들은 유럽 사람들의 그런 모욕을 참아야 했다. 설상가상으로 18세기에 이탈리아와 스페인에서는 펠라그라가 흔하게 발생했다. 펠라그라에 걸리면 정신이 멍해지고 콧등을 비롯한 얼굴에 나비모양의 반점이 생겨 펠라그라에 걸린 사람들을 '나비인간'이라고 불렀다. 그 당시 이탈리아는 무역의 퇴조와 자연재해로 인하여 밀이 귀하게 되고 척박한 땅에서도 잘 자라는 옥수수를 많이 재배하였다. 부유한 도시의 부자들은 밀을 먹을 수 있었으나 가난한 농민들은 옥수수를 주식으로 먹다보니 그들에게서 펠라그라 발병율이 높았다. 그러한 까닭에 옥수수는 비천하게 여겨지고 기피하는 음식이 되었다. 그래서 19세기에 아일랜드 사람들은 노랑나비 색의 옥수수 빵을 먹으니 차라리 죽는 편이 낫다고 까지 생각했다. 이러한 옥수수에 대한 편견은 영어에서 corny(옥수수 같은)는 '촌스러운' 혹은 '진부한'이란 뜻으로 나타났다. 그런데 정작 펠라그라는 옥수수의 원산지인 남아메리카 원주민들에게는 발생하지 않았다. 이에 대한 해답은 옥수수 섭취과정에 있었다. 인디안들은 옥수수를 갈아 식사로 요리하기 전에 옥수수 알을 나뭇재를 넣은 물에 담가 놓았다. 유럽 사람들은 이를 보고 단순히 인디안들이 옥수수를 갈기 쉽게 하려는 것으로 보고, 오히려 '인디안의 게으름'으로 몰아붙였다. 그러나 옥수수를 재와 함께 물에 담가두는 것은 옥수수 안에 있는 니아신이라는 영양소를 쉽게 용출시켜 거의 전 세계의 최고 음식으로 바꾸어 놓았다. 펠라그라는 니아신이 부족한 경우 일어나는 질병이다. 유럽 사람들은 오만하게 이 과정을 무시했던 것이다. 인디안들에게 게으름의 죄악을 뒤집어씌우더니 정작 자신들은 오만함의 죄를 저지르고 있었다.

하데스를 사랑한 벌, 민트

하데스는 데메테르의 딸, 페르세포네에게 반해 결혼했는데, 불운의 운명일까? 아름다운 숲의 님프 민테가 네 마리의 말이 끄는 황금마차를 타고 가는 하데스에게 반해버리고 말았다. 그러나 이유가 어찌되어 결혼을 했든 하데스의 부인 페르세포네는 자기만을 바라볼 줄 알았던 남편 하데스가 매력적인 민테에게 마음이 흔들리자, 질투심에 불타 민테의 몸을 조각조각 내어 필로스 산 여기저기에 뿌려 쓸모없고 누구나 쉽게 짓밟을 수 있는 풀로 만들어버렸다. (워낙 모성애가 강한 데메테르가 딸을 위해 그랬는지도 모르지만). 사라진 민테를 찾아다니던 하데스는 그 풀이 민테임을 알아차리고 항상 눈에 띌 수 있도록 자신의 성기로 부드럽게 애무하여 상큼한 향기를 풍기도록 만들었다. 그리스 신화의 내용 중에는 야하고 잔인한 이야기가 있어 신화의 많은 부분이 19금인 줄은 알고 있었지만 상쾌한 향의 민트 이야기에 이렇게 충격적인 이야기가 숨어 있어 놀랍다.

민트는 지중해 연안이 원산지로 풍요로운 역사를 가진 식물이다. 고대 그리스와 로마 사람들로부터 매우 추앙받는 허브 중의 하나로, 카이케온kykeon이라 불리는 보리발효주를 만들 때 민트를 사용했다. 이 음료는 엘레우시스 제전 즉 곡식의 여신 데메테르를 받드는 신비적 의식에서 깊은 영적 경험을 하게 하는 음료이다.

아이러니하게 민트는 탄생비극과는 달리 환대와 접대의 상징이다. 이런 사용은 신화에서 발견된다. 두 명의 낯선 사람이 어느 마을을 방문하였으나 마을 사람들은 그들을 문전박대한다. 그들에게 음식이나 머무를 장소도 제공하지 않았다. 이에 안쓰러워하던 한 노부

부(필레몬과 바우키스)가 그들을 초대하여 식사를 제공했다. 그런데 식
사 전에 그 노부부는 식탁을 민트로 문질러 깨끗하게 닦고 향이 나게
만들었다. 그런 환대를 받은 후 그 방문객들은 자신들이 제우스와 헤
르메스임을 밝히고 그 노부부의 착한 마음에 감동하여 그 부부의 집
을 신전으로 만들어 주었다. 그 후 민트는 환대의 상징이 되었다.

요한 카를 로트, 〈필레몬과 바우키스의 집에 있는 제우스와 헤르메스〉, 1659년경

고대 그리스에서는 신부를 환대하는 의미에서였을까? 아니면 아름다운 민트를 기리기 위해서였을까? 그들은 신부에게 '비너스의 왕관'이라 부르는 민트화환을 씌웠다. 싱그러운 신부와 싱그러운 향이 풍기는 화환은 상상만으로도 싱그럽다. 오늘날에 민트를 넣은 요리나 민트차를 대접한다거나 민트로 식탁을 장식하는 것은 단순히 환대의 상징일 뿐 아니라 건강을 생각하는 것이다.

민트는 향만 좋은 게 아니라 다양한 효능을 가지고 있다. 특히 소화불량 치료에 효과적이고 메스꺼움을 달래는 데서부터 과민성 대장증후군에 이르기까지 자연치료제로 사용되어 왔다. 그리스와 로마의 부인들은 우유가 상하지 않도록 우유에 민트를 넣었고 식사 후에 소화를 돕기 위해 민트차를 주었다. 중국의 전통 한의학과 인도의 전통 치유법인 아유르베다의 의사들도 소화제로 민트를 사용했다.

고대 그리스 약학자 디오스코리데스Dioscorides는 민트를 성욕자극제로 간주했다. 17세기 식물학자 니콜라스 쿨페퍼Nicholas Culpeper는 민트의 소화효능에는 인정하지만 디오스코리데스의 성욕자극제로서의 효능은 인정하지 않았다. 로마의 시인이자 박물학자 플리니우스는 민트에 대해 기운을 되살리는 식물로 환자가 있는 방에 두면 회복에 도움이 된다고 적었다. 고대 그리스인들 사이에 민트에 관한 의견은 이렇게 분분했다. 히포크라테스는 민트를 자주 먹으면 정액을 묽게 만들어 발기를 방해하고 몸을 피곤하게 만든다고 믿었고, 아리스토텔레스는 민트에 최음효과가 있으니 알렉산더 대왕에게 군사들이 민트를 먹지 않게 하라고 조언했다. 민트의 최음효과는 아마도 민트의 향이 마음을 동요시키는 효과가 있는 것으로 보았기 때문이다. 고대 그리스나 로마 사람들은 향이 있으면 거의 모든 것들이 최음효과가 있다고 믿었다. 그러나 실제 약리효과가 있지는 않다고 하더라도 마음가짐으로도 병을 치료할 수 있으니 상쾌한 민트향으로 기분이 한결 좋아짐은 분명하니 플리니우스나 아리스토텔레스를 거짓말쟁이로 몰고 싶지도 않지만 오히려 의학의 아버지 히포크라테스의 주장에 더욱 믿음이 가지 않는 게 아이러니다. 그렇지만 최근 연구에 따르면, 민트는 항암효과와 항균효과가 있는 것으로 알려졌다.

아테나 여신의 선물, 올리브
▶

평화, 다산, 힘, 승리, 영광 등을 상징하는 올리브는 그리스인들에게 양식과 건강, 풍요를 주는 식물이다. 이것은 아테나 여신의 선물이었다. 일반적으로 아테나는 지혜와 전쟁의 여신이라는 이미지가 강하지만, 그 외에도 여러 신격을 가지고 있다. 한마디로 그녀는 다재다능한 여신이다.

어느 날 바다의 신 포세이돈과 지혜의 여신 아테나 사이에 아티카의 지배권을 두고 싸움이 벌어졌다. 결국 제우스가 중재에 나섰고, 아티카 사람들에게 가장 귀한 선물을 주는 쪽이 아티카의 지배권을 갖도록 제안했다. 포세이돈은 인간에게 자신이 사랑하는 말(물을 주었다는 설도 있음)을 주겠다고 했다. "너희들은 이 말을 타고 달려 나가 적을 무찌를 수도 있고, 무거운 물건도 나를 수 있다. 또 쟁기를 매달아 밭을 갈 수도 있다." 반면에 아테나는 올리브나무를 주겠다고 했다. "한낮에는 시원한 그늘을 만들어줄 뿐만 아니라 도시를 아름답게 꾸며줄 것이다. 열매에서 나는 기름은 생활을 풍요롭게 해줄 것이다." 아티카 사람들은 올리브나무를 선택함으로써 아테나가 이기게 되었고 사람들은 선물에 감사하는 마음으로 도시 이름을 여신의 이름을 따서 아테네라 불렀다. 바로 이곳이 지금의 그리스 수도 아테네이고 아테네를 비롯한 지중해 지역에 올리브나무가 많은 이유다. 자신의 선물을 받아준 데에 대한 반가움과 사람들이 감사하는 마음에 또 다시 감사하는 마음 때문이었을까? 아테나 여신이 그리스 사람들에게 더욱 많은 선물을 덤으로 주었는지 아테네는 인류 역사상 최초로 민주정치를 실현하였고 그리스 문명의 중심지로서 발전을 거듭하여 풍요롭게 살았고 아테네 사람들은 아테나 여신을 수호신으로 모셨다. 참고로 고대 이집트 사람들은 농업의 신인 오시리스의 부인, 이시스가 인류에게 올리브나무의 재배법과 이용법을 가르쳐주었다고 믿었다.

올리브나무가 정말 아테나 여신의 선물인지는 모르지만, 아테네를 비롯한 지중해 동부 해안지방에는 5천 년 전부터 올리브나무가 있었고, 그리스 사람들에게 많은 것을 주었다. 그래서인지 그리스 사람들에게 올리브나무 아래에서 태어난다는 것은 성스러운 집안의 후손이라는 뜻이었다. 여신 레토는 포세이돈이 파도 속에서 만들어준 델로스 섬의 올리브나무 아래에서 제우스와의 불륜으로 인해 쌍둥이를 낳았다. 그들이 바로 아르테미스와 아폴론이다.

그리스 문화를 그대로 받아들인 로마사람들 역시 올리브오일을 무척 사랑했다. 그래서 로마의 타키투스Publius Cornelius Tacitus는 튀니지에 올리브 나무를 심어 유목민을 정착시켰을 뿐 아니라 로마제국의 엄청난 올리브오일 수요를 충족시키는 성과도 거두었다. 올리브나무를 많이 재배하는 사람은 군역을 면제해줄 정도로 올리브유는 액체

황금이었다.

　말 그대로 아테네 여신이 인간을 위해 준비했다는 올리브는 수세기 동안 감기부터 기생충 감염에 이르기까지 만병통치약으로 사용되어 왔다. 98세까지 살았던 미국의 석유재벌 존 D. 록펠러가 그의 건강비결로 매일 한 스푼의 올리브 오일을 먹었다고 말하면서 노화방지 식품으로 더욱 유명해졌고 올리브를 많이 먹는 지중해식 식생활이 건강에 좋다고 알려지면서 올리브는 더욱 유명세를 탔다. 게다가 우리나라에는 웰빙바람이 불면서 올리브 오일은 샐러드 등의 음식 외에도 미용을 위한 화장품으로, 또 다이어트 식품으로 이용되고 있다. 얼마나 좋았으면 심지어 헤라도 제우스를 유혹할 때 올리브유를 몸에 발랐다고!

　올리브 오일이 몸에 좋은 이유는 무엇보다도 불포화지방산의 함량이 식물성 기름 가운데 가장 높고 특히 필수지방산인 올레산이 많기 때문이다. 올레산은 동맥경화를 일으키는 LDL-콜레스테롤의 농도를 낮추고 몸에 좋다는 HDL-콜레스테롤의 농도를 높이는 작용을 한다. 올리브 오일에는 그 외에도 토코페롤, 폴리페놀, 스쿠알렌과 같은 항산화물질과 미량의 미네랄이 들어있어 인체에 매우 유익하다. 특히 토코페롤과 폴리페놀은 노화를 방지하고 성인병을 예방한다. 지혜의 여신인 아테나는 역시 지혜의 여신답게 아테네 사람들뿐만 아니라 우리 모든 인간에게 대대손손 유익한 선물을 주었던 것이다.

죽음과 부활의 풀, 파슬리

▌

　　아비를 죽이고 어미와 결혼한다는 신탁을 받은 오이디푸스가 자신의 정체를 알게 되자, 그의 어머니이자 아내인 이오카스테는 자살하고 오이디푸스는 제 눈을 찔러 장님이 된 후 방랑생활을 한다. 오이디푸스와 이오카스테 사이의 두 아들 에테오클레스와 폴리네이케스는 아버지의 땅 테베를 1년씩 돌아가며 다스리기로 약속했다. 먼저 형인 에테오클래스가 테베를 다스리기로 하고 폴리네이케스는 아르고스 왕의 딸과 결혼한다. 그러나 일 년 후 형이 약속을 깨자 이에 화가 난 폴리네이케스는 아르고스 왕의 지원을 받아 일곱 명의 장군을 데리고 에테오클래스를 공격하게 되었다. 테베로 가는 길에 물이 떨어져 샘을 찾아 나선 장군들은 숲에서 갓난아기를 품에 안고 있는 미녀를 만났다. 그녀는 네메아 왕의 아들인 오펠테스를 돌보는 유모, 힙시필레였다. 그녀는 잠시 오펠테스를 덤불에 눕혀두고 자신만이 아는 비밀의 샘으로 그들을 인도했다. 그러나 돌아와 보니 그 아기가 뱀에게 물려 죽어있었다. 이 아기의 신탁은 걸을 수 있을 때까지 그를 땅에 내려놓지 말라는 것이었다. 유모가 이를 지키지 않은 탓에 죽음을 맞게 된 아기왕자의 상처에서 나온 피에서 파슬리가 솟아나왔다. 불길한 예감이 든 폴리네이케스 일행은 결국 전쟁에서 지고 말았다. 이 전설에 따라 고대 그리스와 로마에서는 파슬리를 죽음과 멸망의 풀로 생각했다. 그리고 죽은 자의 영혼을 지하세계로 인도하는 풀로 생각하여 무덤에 파슬리 화환을 놓았다. 그러나 병 주고 약 주는 것처럼 파슬리는 로마 사람들에게 죽음의 식물이라는 전설과 더불어 부활의 상징이기도 했다. 고대 그리스 사람들은 파슬리를 잘 먹지 않았지만, 로마 사람들은 파슬리를 방향제와 기분전환용으로 사용했다. 중세에 들어서 유럽에서는 파슬리의 숨과 미각을 깔끔하게 해주는 능력 때문에 음식 장식에 흔히 사용하였다.

어릴 적 경양식 음식점에 가면 음식 장식으로 꼭 있는 것이 파슬리였다. 호기심에 한 입 베어물고 향이 너무 진해 곧바로 뱉어냈던 기억이 있다. 그 후로 난 그것을 먹을 생각을 해보지도 않았고 실제로 그것을 먹는 사람을 본 적이 없다. 대체 먹지도 못하는 것으로 장식한다고 투덜대던 파슬리. 비타민과 칼슘이 많다고 하니 이제는 도전! 결국 음식은 상징이나 의미보다는 입이 결정해준다.

사랑의 비너스를 상징하는 배

▼

그리스·로마 신화에서 황금사과를 놓고 세 여신이 서로 갖겠다고 싸웠다면, 배는 세 명의 여신 즉 헤라, 아프로디테, 포모나Pomona에게 바쳐지는 과일이다. 올림포스 최고의 여신이자 제우스의 부인인 헤라는 배나무를 신성하게 여겼다. 헤라는 여자, 결혼, 아이들의 여신이다. 아마도 이것이 배에 대한 그녀의 애정을 설명해주는지도 모르겠다. 서양의 배는 아래가 볼록하고 위가 좁은 모양이 그리스 사람들에게 자궁을 연상시켰다. 개인적으로는 여자의 앉아있는 뒷모습이 연상된다.

신화 속에서 헤라는 종종 질투 많은 부인으로, 끊임없이 바람둥이 남편에게 복수하는 계략을 꾸민다. 그러나 그녀의 역할 중 하나를 결혼생활의 보호자로 본다면 헤라의 생각과 행동을 더욱 잘 이해할 수 있을 것이다. 신이 여자로 이해되던 시대, 인간성이 여성의 몸과 아이를 잉태할 수 있는 기적 같은 능력에 초점이 맞춰지던 때로 관점을 바꾸면, 배 모양의 엄마 자궁에서 아기가 태어난다는 것은 봄에 땅에서 새 생명이 태어나는 힘과 같다.

배를 자궁의 상징으로 바라보던 시선을 이제 최음제의 시선으로 바라보면 두 번째 여신 아프로디테로 이야기가 옮겨진다. 아프로디테는 사랑과 성의 여신이다. 그녀는 로마신화에서 비너스로 알려져 있다. 유명한 광고카피가 생각난다. "사랑의 비너스!" 당연히 우리는 황금비율을 가지고 있는 밀로의 비너스상을 떠올린다. 그러나 유럽 전역에서 발견되는 비너스상은 배 모양을 연상시킨다. 물론 가장 유명한 것은 빌렌도르프 비너스Venus of Willendorf이지만, 라 뽀와르의 비너스Venus of La Poiré도 유명하다. '라 뽀와르la poiré'는 프랑스어로 '배'를 뜻한다. 실제로 맘모스 상아로 만들어진 이 작은 조각상은 구석기 작

빌렌도르프 비너스

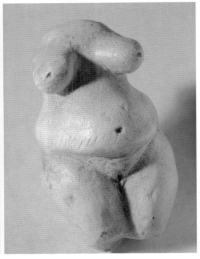

라 뽀와르의 비너스

품으로 추정되는데 도저히 아름답다는 생각이 들지 않는다. 또한 '비너스'라는 이름을 가지고 있는 많은 다른 조각상들도 그러하다. 흥미롭게도, 대부분의 이런 조각상들은 커다란 가슴, 불룩한 배, 튀어나온 음부, 음순의 강조 등이 특징이다.

물론 이런 조각상은 비교적 날씬하고 곡선미가 있는 현대의 비너스 개념과는 거의 유사성이 없다. 이것은 성적 매력의 견해가 변화할 수 있음을 암시해준다. 아프로디테는 여신 중에서 가장 아름답고 가장 섹시한 여신으로 여겨진다. 그녀에게는 아버지가 다른 여러 명의 아이들이 있다. 그 아이들 중에 사랑과 성욕의 신인 에로스(로마신화에서는 큐피드)가 있다.

오늘날까지도 배는 최음효과가 있는 것으로 평판이 나있다. 여성 몸을 닮은 배의 모양은 항상 예술가들을 현혹해왔다. 배는 다양하게 에로틱한 표시로 표현되었고 종종 에로틱한 요리로도 나타난다. 그리스 시인 호머(기원전 9세기)가 자신의 작품 『오디세우스The Odyssey』에서 배를 '신의 선물'로 칭찬한 것은 그리 놀랄 일이 아니다.

위 세 여신 중에서 포모나Pomona는 잘 알려져 있지 않다. 사실 그녀는 여신이 아니라 정원 가꾸는 일과 과일 재배를 담당하는 님프다. 그녀의 이름은 과일을 뜻하는 라틴어 '포멈pomum'에서 비롯되었다. 많은 신들과는 달리 그녀는 수확 그 자체와는 관련이 없지만 나무가 자라서 꽃을 피우고 열매를 맺는 동안 보살펴준다. 자신의 일에 몰두하기 위해 여러 신들이 사랑을 구하였으나 그녀는 이를 모두 거절했다. 전지용 칼이 그녀의 신성한 도구다. 그녀는 이름에서도 알 수 있듯이 사과(프랑스어로 사과는 pomme임)와 연관되어 더 잘 알려져 있지만 배를 비롯한 과일 모두를 일컫는 말이다.

과일하면 우리는 '사과와 배'를 제일 먼저 떠올린다. '배와 사과'라고 외치는 사람은 없다. 그렇게 배는 수백 년 동안 늘 사과의 그늘에 가려져 왔다. 우리는 잘 나가는 형제와 같이 성장한 사람이라면 그 기분을 알 것이다. 누가 배 모양의 몸매를 원할까? 사악한 마녀(계모왕비)가 반짝반짝 빛나는 배로 백설공주를 유혹할 수 있었을까? 아마도 그러지 못했을 것이다. 왜 배는 사과에 비해 좀 더 사랑을 받지 못했을까? 어떤 아이가 적어놓은 글에서 나는 해답을 찾았다.

"옛날 어느 마을에서 호랑이가 사람들을 잡아먹자 할아버지 도사가 마법을 걸어 그 호랑이를 벌로 사과나무로 바꿔버렸다. 그 나무에 열린 과일이 너무 맛있어 사람들은 사과를 따먹었다. 그런데 이번에는 사자가 나타나 사람들을 괴롭혔다. 그러자 도사 할아버지가 이번에는 사자를 배나무로 바꿔버렸다. 사람들은 배나무에 열린 과일도 맛이 좋아 따서 먹게 되었다."

만약 할아버지가 호랑이를 배나무로 먼저 만들었다면 사람들이 배를 더 좋아했을 텐데. 그리고 '배와 사과'라고 순서를 정했을 텐데. 이 이야기를 전해준 아이의 마음으로 이렇게 해석했다.

우리나라 조선시대에 왕실의 꽃이 배꽃으로 정해질 만큼 배꽃의 아름다움은 예로부터 많은 사랑을 받아왔다. 사과가 조선에 더 먼저 도입되었더라면 사과꽃이 그 자리를 차지했었을 지도 모르지만, 우리나라에서 배꽃은 우아함, 고결함, 순수함을 상징하고 배나무는 편안함을 상징한다. 우리나라 이야기에는 배가 여자에게는 임신을, 수험생에게는 행운을 주는 것으로 나타난다. 이외에도 배는 세계인들의 사랑을 받는 과일로 국가마다 다양한 전설이 있다.

『음식의 재발견 벗겨봐』의 저자 김제권의 블로그에는 배에 대한

이집트의 흥미로운 전설이 있다. 우애 좋은 형제 바이치와 아스프는,
바이치의 아내였다가 남편을 배반하고 왕비가 된 바이치의 전 부인
에게 복수할 계획을 세웠다. 바이치는 소로 변신했고 아스프는 그 소
를 데리고 궁으로 들어갔다. 그 둘은 왕비 앞으로 갔고 왕비 옆으로
다가간 소는 왕비의 귀에 대고 "내가 바이치다."고 속삭였다. 그 소
리를 듣고 놀란 왕비는 소를 죽이라고 명령했다. 죽어가는 소에서 피
가 두 줄기로 흘러내렸다. 밤사이에 그 핏자국에서 배나무 두 그루가
생겨 열매를 맺을 정도로 크게 자랐다. 자란 배나무는 다시 왕비에게
"내가 바이치다."고 말했다. 이에 놀란 왕비는 배나무 두 그루를 베어
버렸는데, 그 와중에 배 한쪽이 왕비의 입 속으로 쏘옥 들어갔다. 그
배를 먹은 왕비는 임신을 해 아이를 낳았다. 그 아이는 성인이 되어
왕이 되었을 때, 삼촌인 아스프에게 이 모든 사실을 듣고 어머니인
왕비를 처형하고 삼촌인 아스프를 황태자로 삼았다.

사과에 비해 배를 더 고결하게 보는 중국의 전설은 이렇다.

옛날, 옛날 고대 중국에 한 농부가 살았다. 그 농부는 어느 날 달콤
한 배를 팔러 장에 갔다. 일단 장에서 몫이 좋아 보이는 곳에 자리
를 잡고는 배를 비싼 가격에 팔기로 마음먹었다.

"배 사세요. 아주 맛있는 배요!"

그 때 누더기 옷을 입은 한 승려가 다가와 배 하나를 줄 수 있냐고
겸손하게 물었다. 농부가 말했다. "내가 왜 당신에게 배를 주어야하
지요? 당신은 게을러서 열심히 일하지 않잖아요." 승려가 다시 배
하나만 달라고 요청하자, 농부는 화를 내며 승려에게 세상에서 가
장 못된 놈이라고 말했다.

"그래도… 당신 수레에는 셀 수 없을 만큼 배가 많잖아요. 수백 개는 되어 보이는데, 그 중 딱 한 개면 되는데. 왜 그게 그렇게 당신을 화나게 만드나요?"

그 때 많은 군중들이 농부와 승려 주변으로 몰려들었다. "작은 거 하나 주시구려." 누군가 제안했다. "그냥 늙은 승려가 원하는 대로 주시오. 겨우 하나잖아요." 또 다른 사람이 말했지만 농부는 들으려 하지 않았다. "안된다면 안 되는 줄 알아요!" 마침내 나이든 노인 한 명이 배를 사서 그 승려에게 건네주었다.

승려는 노인에게 인사를 하고 말했다. "제가 승려가 되었을 때 저는 모든 것을 버렸지요. 저는 집도 없고 옷도 없고 내거라고 할 수 있는 게 없지요. 당신은 제게 배를 주었습니다. 저는 그렇게 이기적인 사람이 아니에요. 저는 여러분 모두에게 제가 키운 배를 먹을 수 있도록 초대하겠습니다. 여러분들이 제 초대에 응해주신다면 영광이겠습니다."

사람들은 깜짝 놀랐다. 왜 그렇게 많은 배가 있으면서 배 하나를 요청했을까? 그는 아무것도 가지고 있는 것 같지 않았다. 대체 무슨 뜻이지?

승려는 그 배를 씨만 남을 때까지 완전히 먹고 땅을 파서 그것을 묻고는 흙을 덮었다. 그리고는 한 잔의 물을 요청했다. 군중 속에 있던 한 사람이 물을 건네주었다. 승려는 그 흙에 물을 부었다. 순식간에 땅에서 싹이 트더니 잎이 자랐다. 사람들은 자신들 눈앞에서 벌어지는 일을 보고 깜짝 놀랐다. 겨우 몇 분 전에 씨를 심었을 뿐인데. 그 배나무는 아주 빠르게 자라 꽃이 피고 커다란 배가 맺혔다. 승려의 얼굴이 기쁨으로 상기되었다. 그는 배를 하나씩, 하나씩 따서 그곳에 있는 사람들에게 나눠주었다. 그런 후 승려는 도끼를 가져와 나무를 베더니 그 나무를 어깨에 짊어지고 자리를 떠났다. 농부는 그 놀라운 장면을 믿을 수 없었다. 그런데 자신의 수레를 보니 텅 비어있었다. 단 한 개의 배도 남아있지 않았다. 수레의 손잡이도 사라지고 없었다. 그 때서야 그 농부는 알았다. 그 늙은 승려가 마술을 부려 자신의 배를 사용해서 그 놀라운 배나무를 만들었다는 것을. 물론 그 승려는 어디에도 보이지 않았다.

이집트 전설이 배반에 대한 복수를 표현하고 있지만, 배꽃의 꽃말이 '온화한 애정'인 것으로 보아서는 온화한 꽃에서 맺은 배는 오히려 중국 전설의 '베풂'이 더 어울릴 것 같다. 꽃말이 무엇이든 사과와 배는 사람들이 가장 좋아하는 과일로 명절에 서로에게 주고받는 애정과 베풂의 역할을 톡톡히 하고 있는 신의 선물이다.

용서의 나무 열매, 아몬드
▼

아테네의 왕 테세우스Theseus의 아들이자 뛰어난 용사인 데모폰 Demophon은 트로이 전쟁이 끝난 뒤 아테네로 귀향하는 중 갑자기 몰아친 폭풍우로 인해 표류하다 트라키아의 해안에 도착했다. 그는 트라키아 왕의 공주 필리스Phyllis와 사랑에 빠져 결혼을 약속했다. 그는 고향으로 돌아가 남은 일을 정리하고 다시 돌아오겠다고 공주와 약속하고 떠났다. 그런데 고향에 돌아간 데모폰은 크레타 섬(혹은 퀴프로스 섬)의 공주와 결혼하고 만다. 필리스는 사랑하는 데모폰을 기다

빈센트 반 고흐, 〈꽃 피는 아몬드 나무〉, 1890년

리며 날마다 해안을 바라보다가 그만 죽고 말았다. 이것을 본 신들은
공주를 가엾이 여겨 아름다운 아몬드 나무로 환생시켰다. 그런데 이
상하게도 잎이 마르고 꽃이 피지 않았다. 오랜 시간이 흐른 후, 데모
폰이 트리키아로 돌아왔을 때 그는 잘못을 후회하며 그 아몬드 나무
를 껴안고 입맞춤하며 눈물을 흘리자 시들어 있던 잎들이 다시 푸르
게 되살아났고 공주는 그의 눈물을 아름다운 꽃으로 바꾸어 '용서'의
표시를 하였다.

　아몬드 꽃말은 진실한 사랑과 희망이다. 공주 필리스는 진실한
사랑을 기다리며 늘 희망을 가지고 데모폰을 기다렸을 것이다. 아몬
드로 환생한 필리스는 다른 나무들보다 일찍 꽃을 피워 봄을 기다리
는 마음으로 그 희망을 표현한 듯하다. 화가 고흐는 요양소에서 동
생 테오의 아기, 즉 조카의 탄생 소식을 들었다. 요양원에 아몬드 나
무가 많아서 그랬을 수도 있었겠지만 적어도 추운 겨울인 날씨에 피
는 꽃을 보고 조카가 강인하게 자라기를 바라는 마음을 담아 〈꽃 피
는 아몬드 나무〉를 그려 선물로 주었을 것이다. 화가의 그 속마음을
어찌 알 수 있겠냐마는 가족에 대한 진실한 사랑과 새로운 생명에 대
한 희망을 표현했을 것이다. 그러나 무엇보다도 자신을 평생 후원해
준 동생에 대한 고마움과 본의든 본의가 아니든 힘든 삶을 보여주게
된 자신에 대한 용서의 마음도 담았는지 모를 일이다.

4장
음식은 부와 권력의 표현

당신은 육두구를 좋아하나요?
모든 음식에 다 넣었답니다.

-니콜라 부알로 Nicolas Boileau

    북아메리카의 미시시피 강 유역에 있으며 '태양의 왕'으로 유명한 프랑스의 루이 14세 이름을 딴 루이지애나를 헐값에 미국에 매각하고 받은 돈으로 나폴레옹은 유럽 점령계획을 착수했다. 어느 군대에서나 마찬가지로 프랑스 시민혁명을 겪은 나폴레옹의 군대에서도 어떤 음식을 먹느냐는 신분에 따라 정해졌다. 나폴레옹은 행군 내내 훌륭한 식사서비스를 받았고 항상 흰 빵과 소고기 등의 고기, 채소 등을 먹을 수 있었다. 장교들은 개인요리사를 두었고 서너 달치 식량을 실은 마차를 대동했다. 계급에 따라 누구는 풍요롭게 지내는 반면에 다른 누구는 굶어죽기도 했다. 과거 군사력의 권력자나 경제적 권력자들이 고기를 먹는 것은 단순히 영양분을 채우기 위한 것이 아니라는 것은 빤한 이야기다. 고기를 먹는 것은 권력의 상징이었고, 폭력성을 나타내기도 했다. 이렇게 계급과 신분이 존재하는 곳에서는 한 집단의 실제적 이득이 다른 집단의 실제적 불이익이 될 수 있다. 결국 좋은 영양상태를 유지할 수 있는 지배층의 능력은 정치적 권력을 행사하여 피지배층을 억누를 수 있는 능력으로 이어진다.

음식과 권력 사이에는 강력한 감정적 의미가 담겨있다. 어느 시대나 먹을거리들은 권력 있는 사람들에게 집중되었고, 많은 사람들은 배고픔에 허덕이며 생명을 유지하기 위한 본능적 욕구 외에도 음식을 통해 계층의 상승을 이루어내고 싶은 또 다른 욕구들을 가지고 살아간다. 경제적 측면으로 자신의 사회적 위치가 정해지는 현대인들 역시 고급 요리를 즐겨 찾으며 그런 권력의 맛들을 보고 싶어 하는지도 모른다. 맛시모 몬타나리Massimo Montanari 교수의 『유럽의 음식문화』에서 보면, "음식 가운데 고기가 제일 중요하다는 사실은 특히 지배 계급에게서 강조되었다. 그들이 보기에 고기는 권력의 상징이며, 또 기력, 육체적 에너지, 전쟁을 수행할 능력 등을 만들어내는 도구였다. 그와 반대로 고기를 먹지 않는 것은 겸손의 표시거나 지배층으로부터 주변부로 밀리는 표시"라고 적혀있다. 계급과 신분이 존재하는 곳에서는 여러 수단이 있겠지만 고기뿐 아니라 특이하고 귀한 다양한 음식 역시 영양측면과는 상관없이 부나 권력을 상징하기도 한다.

부르주아 냄새나는 버터

1970년대에 어린 시절을 보낸 사람 중에는 '빠다(어른들은 버터를 빠다라고 불렀음)'에 간장 넣고 밥을 비벼 먹은 추억 하나쯤 가지고 있을 것이다. 먹을 게 풍족하지 않았던 시절 뜨거운 밥에 고소한 냄새를 풍기며 녹는 빠다 모습은 입안에 군침 돌게 만들기에 충분했다. 당시에 미군부대를 통해 유통되었던 빠다를 먹는다는 것은 분명 어느 정도 살만한 집이었다. 한마디로 부르주아 냄새가 나는 사람들에 게나 가능했다. 그렇다 하더라도 지금에 와서 생각해보니 과연 그게 정말 버터 맞았을까? 아마도 마가린이 아닐까 의심해본다.

언제부터인가 마가린이 우리 생활 깊숙이 들어왔고, 버터는 동물성 지방이라는 사실 외에도 값이 비싼 만큼 서민의 식탁에서 밀려났다. 아니 서민들이 먹기에는 가격이 부담스러운 것이 사실이다. 하지만 아무리 세상이 변해 동물성 지방이 몸에 나쁘다느니 하며 어쩌고저쩌고 해도 '버터'라는 말에 여전히 부르주아 냄새가 나는 것만은 어쩔 수 없는 것 같다. 버터쿠키, 버터사탕, 혹은 버터빵 등의 '버터' 에는 영어 'rich'와 짝지어 풍부함, 풍요함을 풍긴다.

옛날 메소포타미아의 서쪽 지역에서 양, 염소 등을 기르면서 평원을 돌아다니던 유목민들은 동물의 위 속에 양이나 염소의 젖을 넣어 가지고 다녔다. 그것이 우연히 크림(버터)과 탈지유로 분리되어 위에 떠있는 크림덩어리를 걷어낸 것이 버터의 기원이다.(동물의 위는 산성으로 우유단백질을 응고시킴) 기원전 3500년경에 메소포타미아 지역에 정착한 수메르 사람들은 이미 버터제조기를 이용해서 버터를 제조했다. 이들 아랍지역은 소보다 양이나 염소를 키우기에 적합한 지역이었으므로 아마도 양과 염소의 젖으로 만든 버터가 생산되었을 것으로 추측된다. 그러나 정작 '버터butter'는 '소의 치즈'라는 뜻을 가지고 있다. 이는 그리스어 'buturon' 혹은 라틴어 'butyrum'에서 유래되었는데, 'bu-'는 소를 뜻한다. 소의 우유로 만든 버터는 대략 기원전 2000년경에 인도에서 유래된 것으로 보고 있는데, 힌두교에서는 기원전 900년부터 종교의식에 사용한 것으로 보고 있다. 인도 힌두교의 기본교리 중 하나는 카스트제도다. 이 제도는 사람의 인생을 계층으로 결정하여 어떤 음식을 먹어야 하는지도 결정하였다. 이 제도에서 가장 낮은 계층은 불가촉천민으로 사회에 필요하지만 부정하다고 간주되는 사람들이었다. 그들을 접촉하거나 스치는 것만으로도 최고 층인 브라만을 육체적으로나 영적으로 오염시킨다고 믿었다. (정말 짜증나는 그들의 제도다.) 그럴 경우 오염을 제거하는 특별한 정화의식이 필요했다. 이 의식에 버터를 가열해 정제된 버터ghee가 사용되었다.

　　비록 유럽 사람들이 오래 전부터 우유를 먹었음에도 불구하고, 아랍지역이나 인도지역과는 달리 고대 그리스나 로마 사람들은 버터를 음식에 많이 사용하지 않았다. 요리책으로 본 역사에 의하면, 15세기까지만 해도 요리가 상당히 발달한 이탈리아 음식에 버터가 그리 사용되지 않은 것으로 보인다. 이것은 버터가 가난한 사람들이나 먹는 음식이었는지도 모르지만, 이탈리아가 그리스 문화의 영향을 받은 탓도 있었을 것이다. 만약 가난한 사람들이나 먹는 음식이었다면, 많은 요리책들이 상류사회의 음식에 대해서 설명하는 게 일반적이었기 때문에 요리책에 등장하지 않을 수도 있다. 호기심 많기로 하면 누구에게도 뒤지지 않는 고대 로마 박물학자 플리니우스는 버터를 야만인의 음식이라 하였으니 분명 고대 그리스와 로마 사람들은 버터를 많이 먹지 않았다. 맞다. 북유럽에 살고 있던 야만인들인 게르만계 민족들이 먹고 있었으니 로마와 같은 남유럽에서 버터는 고상한 사람들이 먹는 식품이 분명 아니었다. 그렇다면 중세 유럽에서 버터를 먹었다면 그것은 분명 가난한 사람들이나 먹었다는 결론이 나올만하다.

　　실제로 19세기가 되어서야 버터가 유럽 귀족들의 음식에 차츰 들어오기 시작했지만, 일찍이 이탈리아 공주가 프랑스 왕자와 결혼하면서 이탈리아로부터 많은 음식문화를 전수받던 프랑스는 음식요리법이 차츰 발달하면서 이탈리아와 달리 소스를 만드는 데 버터를 사용하기 시작했다. 어쩌면 이때부터 프랑스 요리가 이탈리아 요리를 제치고 세계 최고자리를 차지하게 되었을지도 모른다. 그럼 왜 프랑스는 그리스나 이탈리아와 달리 버터를 음식에 사용했을까? 이것은 프랑스가 버터와 치즈를 매끼 먹었던 북유럽의 바이킹족과 노르만족의 침입을 받아 그들의 음식문화 영향으로 버터를 먹었기 때문이다. 옥스퍼드 영어사전에 따르면, 케이크의 어원은 바이킹들이 사용했던 고대 노르웨이어 '카카ᵏᵃᵏᵃ'에서 비롯됐다고 한다. 오만한 프랑스도 결국 유럽 오지에 살던 바이킹들에게 케이크 만드는 법도 전수받았음을 짐작할 수 있다.

이제 프랑스를 비롯한 서유럽 국가에서는 이 새로이 받아들인 버터를 단식기간에 먹어도 되는지가 문제로 대두되었다. 14세기까지 교회에서는 단식기간의 지침서에 버터에 대한 언급을 하지 않았다. 굳이 문제를 만들고 싶지 않았을 것이다. 그 후 17세기에 단식기간에 뭔가를 먹는다는 것은 죄악이라며 버터를 금하자 버터를 좋아하는 일부 프랑스 사람들은 이를 그리 달갑게 여기지 않았다. 반면에 사람들의 입이 다 똑같은 게 아니어서 버터보다는 올리브 오일을 좋아하는 프랑스 사람들도 있었다. 중세 프로방스(프랑스 남동부의 옛 지명) 사람들은 버터가 나방감염을 일으킨다고 믿기조차 했다. 버터와 올리브 오일을 좋아하는 사람들 사이의 미묘한 감정을 나타낸 이야기가 있다. 프로방스 지방으로 부임 온 백작에게 사려 깊은(?) 부하들은 축하의 선물로 올리브 오일을 그에게 주었다고 한다. 그 지역에서는 올리브 나무가 없어 올리브 오일이 귀한 것이었기 때문이다. 그러나 버터를 좋아한 백작은 올리브 오일이 선물이라는 것에 대해 불쾌한 감정을 감추지 못했다. 결국 프랑스에서는 버터의 힘이 컸는지 올리브 오일보다는 버터 보급이 앞서나갔다. 아니 버터를 좋아하는 사람의 권력이 컸음이리라.

　버터를 좋아하던 독실한 기독교인들은 교회에 돈을 내고 단식기간에 버터를 먹을 수 있는 면죄부를 살 수 있게 되었다. 프랑스의 샤를 5세는 브르타뉴(프랑스 북서쪽) 출신의 공주와 결혼할 때, 단식일에 버터를 먹어도 된다는 면죄부를 교황에게서 얻어 선물로 주었다. 그녀의 고향인 브르타뉴 사람들이 버터를 아주 좋아했기 때문이다. 1495년 당시는 이와 같이 버터를 단식기간에 먹을 수 있는 면죄부를 둘러싼 많은 문제들이 독일, 헝가리, 보헤미아, 그리고 프랑스 전체로 번져갔다. 즉 버터에 대한 면죄부를 둘러싸고 차츰 돈과 권력의 대가가 왔다 갔다 했다. 프랑스 루앙의 '버터탑Butter Tower'은 이러한 돈으로 건축된 것이다. 이러한 불법거래에 화가 난 대표적 인물이 다름 아닌 루터였다. 그는 다음과 같이 불만을 토로했다. "로마에서 명색뿐인 단식일을 만들어 놓았다. 그러면서 우리에게는 자신들의 신발을 윤내는 데도 사용하지 않을 올리브 오일을 먹으라고 강요한다. 그러면서 그들은 단식일에 먹어서는 안 되는 버터를 먹을 수 있도록 하는 면죄부를 판다."

　절대적인 것은 아니겠지만 루터가 종교개혁을 한 것은 쪼잔한 것 같지만 버터 때문이 아니었을까 억지를 부리고 싶다. 어쨌든 16세기에 버터를 요리에 사용하는 나라는 가톨릭교회로부터 탈퇴한 나라라고 할 정도였다. 그러므로 이탈리아가 버터를 많이 사용하지 않는 이유에는 올리브 나무가 많은 자연적 조건도 있겠지만 종교적 이유도 배놓을 수 없을 것 같다.

유럽에서 버터가 많이 사용되기 시작한 후, 유럽의 농업도 변화되었다. 축산업이 발달하고 우유를 생산하는 가축이 늘어나게 된 것이다. 그러나 오래된 습관은 쉽게 변하지 않았다. 본래 유럽의 남부는 올리브 오일을, 네덜란드와 스위스 등 목축을 주로 하는 북부는 버터를 좋아하는 지역적 차이가 존재했지만, 지금은 우연히도 사용하는 언어와 상당히 일치한다. 영어권 사람들은 버터를 선호하고, 스페인어를 사용하는 사람들은 올리브 오일을 많이 사용한다. 프랑스어를 사용하는 나라는 버터와 올리브 오일 모두를 거의 같이 사용한다. 그러나 이것은 언어보다는 살아온 문화적, 역사적, 그리고 자연적 배경 때문일 것이다. 음식역사가인 마가렛 비서Margaret Visser에 의하면, 세월이 흘러 20세기가 되어서도 유럽의 상류사회 사람들은 보통 사람들보다 버터를 3배나 더 많이 먹었다고 한다. 그들은 세월의 변화를 거부한 채 버터를 자신들의 신분이 높다는 것을 표시하는 하나의 방법으로 사용했다. 버터는, 현대사회의 새로운 사회문제로 대두된 성인병을 인식하여도 한번 얻은 명성은 그리 쉽사리 변하지 않고 영어권에서는 여전히 귀족적 힘을 발휘하고 있다.

노동자 작업복에 영향을 준 후추

후추는 '향신료의 왕master of spice'이라고 불릴 만큼 많은 사람들이 좋아하는 향신료다. 식탁 위에 늘 올려있는 것이 후추와 소금이다. 음식은 간이 알맞아야하는 것이 기본이라 소금이 있는 것이고, 후추는 부의 상징이었던 시대의 습관이 그대로 남아서가 아닐까 싶다. 늘 같은 모양의 병에 담겨 나란히 놓여있어 구분이 어렵다. 그러나 그 둘의 역사는 상당히 다르다. 우선 소금이 태고 적부터 사용되어 온 것이라면 후추는 한참 뒤에 등장하였다. 특히 중세에 이르러서는 세계사에 커다란 영향을 끼쳤다.

후추는 인도에서 약 4000년 전 처음 사용된 이래로 '향신료의 왕'으로서 군림하여 왔다. 이는 어느 누구도 후추를 거부할 수 없기 때문에 붙여진 별명이라고 한다. 처음 아랍상인에 의해서 도입된 후추는 고대 그리스와 로마 사람들의 마음을 사로잡았다. 많은 로마 사람들은 후추의 실제 나무를 본적이 없었다. 단순히 후추가 인도에서 왔다는 사실만 알고 있을 뿐이고 또 인도가 동쪽에 있다는 사실 정도만 알고 있었다. 후추는 강한 향기를 가지고 있어서 정신보다는 육체를 자극했다. 로마요리에서 필수재료로 여겼던 외국산 향신료는 값이 비싼 편이었다. 그래서 엄청난 재산을 가진 일부 귀족이 아니면 먹기 힘든 식품이었다. 그러나 수요가 점차 늘어나자 그리스와 로마 상인들은 아랍상인들이 이용했던 육로(보통 2년 걸렸다고 함)보다 한 발 나아가 몬순기후의 바람을 이용하여 인도까지의 항해(1년)를 단축하였다. 필요에 의해서 창조가 일어난다는 말이 다시금 실감나는 예다. 처음 그리스에서 후추는 단순한 향신료라기보다는 히포크라테스도 사용할 만큼 약용으로 사용되었다. 그리고 로마시대에는 후추가 하나의 상비약품이자 상비식품이 되다시피 하였다. 그러나 로마가 멸망하면서 유럽에서는 한동안 후추가 사라졌었다.

그 후 십자군 전쟁에 참여했던 십자군을 따라 유럽에 들어온 후추는 다시 유럽 사람들의 입맛을 사로잡게 되었고, 역시 아랍 상인들에 의해 유럽으로 전해오는 중요한 무역품의 하나가 되었다. 후추에 대한 독점권을 갖기 위해 아랍 사람들은 후추의 원산지를 비밀로 붙였다. 그래서 후추는 아랍 사람을 거치지 않고는 구할 수 없었다. 중세 유럽 사람들은 후추가 파라다이스의 어느 갈대숲이 있는 평원에서 자란다고 상상하였다. 그 파라다이스는 동양의 어느 곳엔가 있을 거라고 믿었다.

　당시 유럽 사람들의 식생활에 주요한 음식이던 육류는 쉽게 상하였다. 하지만 어렵게 살던 우리의 옛 어머니들이 약간 쉰밥을 그냥 버리지 못하고 물에 씻어서 먹었듯이 그들 역시 약간 쉰 고기를 쉽게 버리지 못했을 것이다. 그러나 육류는 밥과는 달리 냄새가 더 심하기 때문에 유럽 사람들은 후추를 뿌려 상한 냄새를 중화시키는 데 사용했을 것이라고 혹자는 말한다. 하지만 사실 후추의 수요 급증은 약간의 방부제 효과보다 자신을 남과 다르게 보이고 싶은 마음이 강했다는 데에 있다. 상한 고기를 먹어야 할 정도라면 결코 부자가 아니어서 동양에서 수입되는 비싼 후추를 한낱 상한 고기를 위해 사용하지는 않았을 것이다. 오히려 중세의 상류계층은 후추를 부의 상징으로, 더욱 향신료를 강하게 사용하여 음식을 먹었다. 그 계층이 높을수록 향신료의 사용은 더했다. 후추에 대한 탐욕은 삽으로 후추를 풀 만큼을 쌓아두는 귀족이 있을 정도였다. 이는 어느 사회나 존재하는 인간의 허영과 같은 것으로 그들은 후추를 필요이상으로 사용했다. 사람들은 향신료를 선물하고 귀중품처럼 여겨 수집하기도 하였다. 자신의 부를 자랑하고 싶은 상류층은 간혹 값비싼 쟁반에 여러 종류의 향신료를 담아 손님들에게 돌려가며 대접하였다. 음식을 먹는 것인지 향신료를 먹는 것인지 구분이 가지 않을 정도였다고 한다.

당시 후추는 몰루카 제도▫와 인도에서 아랍 사람이 처음 이집트와 시리아 등지로 가져왔고, 다시 제노바와 베니스 상인들에 의해 지중해를 건너 이태리에 퍼졌다. 특히 베니스는 모든 수입향신료가 들어오는 지점으로 12~16세기에 황금기를 맞았다. 아마도 후추의 가격이 천정부지로 올라가게 된 것은 이들 베니스 상인들의 중간 폭리가 큰 이유였는지도 모른다. 어쨌든 그들은 향신료 무역에서 얻은 이익으로 화려한 생활을 할 수 있었다. 결국 베니스의 화려한 대리석 궁전들은 향신료가 가져다 준 부가 이루어낸 것이다.

중세 말에는 상류층 외에도 도시의 부르주아들도 귀족을 모방하여 향신료를 찾게 되었고 후추는 부르주아 식사의 일부가 되었다. 프랑스 풍자시인인 니콜라 부알로Nicolas Boileau는 자신의 시에 다음과 같은 풍자를 하였다.

당신은 육두구▫를 좋아하나요?
모든 음식에 다 넣었답니다.

이 시는 한 부르주아가 부자인 척하기 위해 향신료 하나를 사서 음식이란 음식에 다 넣고 으스대는 모습을 나타낸 것이다. 이렇게 늘어난 수요와 더불어 무역로의 어려움, 높은 관세로 인해 15세기에는 후추 값이 인도에서 베니스로 오면 거의 30배의 가격이 되었다.

그러자 많은 모험가들은 향신료 생산지로 가는 새로운 무역로의 발견을 찾아 나섰다. 특히 13세기에 마르코 폴로가 『동방견문록』에 동양 사람들은 후추를 물 쓰듯 한다고 하여, 많은 유럽 사람들은 동양의 후추를 찾아 나섰다. 금값만큼 비싼 후추를 발견해 유럽으로 가져올 수 있다면 말 그대로 대박인 것이다. 그런 모험에 나선 사람들 중 우리가 잘 알고 있는 콜럼버스Christopher Columbus와 바스코 다 가마Vasco de Gama 등이 있었다. 결국 그들도 부를 찾아 나선 것이었다. 그러니 신대륙의 발견은 콜럼버스가 후추와 향신료의 나라 인도를 찾아 나섰다가 우연히 발견한 것인 셈이다. 어쨌든 콜럼버스는 후추대신 그 보다 훨씬 매운 맛을 내는 고추를 발견하여 세상의 음식문화를 바꾸었다. 그는 후추에 대한 미련을 버리지 못하고 고추pepper의 이름을 후추pepper의 이름 그대로 붙여 지금까지도 사람들은 혼란스럽다.

16세기 부두에서 일하는 사람들의 작업복에는 주머니와 소매 커프스가 없었다. 노동자의 작업복이라면 넉넉한 주머니가 있어 편리하고 여유로움을 보여주어야 할 것이지만, 그렇지 못한 것에는 분명 이유가 있었다. 노동자들이 주머니나 커프스에다 후추 씨앗을 훔쳐 가는 것을 방지하기 위함이었다. 당시에는 후추가 금보다도 귀하게 평가되어 임금이나 빚을 후추로 대신할 정도였다고 하고, 딸이 시집갈 때 지참금으로 가지고 갈 정도로 귀했던 것이다. 언젠가 오토바이를 타고 다니는 교통 순찰대원의 유니폼이 주머니도 없고, 몸에 딱 붙는 타이트한 디자인인 이유가 그들을 뇌물유혹으로부터 보호(?)해 주기 위함이라는 말은 들은 적이 있다. 결국 둘 모두 뭔가 몰래 옷에 감출 공간을 아예 없앤 것이라고 하니 씁쓸하다. 당시 후추에 대해 어떤 생각을 가지고 있었는지를 "남자는 세상의 소금과 같다. 하지만 후추가 없는 남자는 아무런 가치가 없다."라고 표현한 사람이 있을 정도라고 한다.

미국으로 후추를 처음 수입한 사람은 엘리아스 더비Elias Haskett Derby다. 그는 당시 후추를 수입하여 엄청난 돈을 벌어 미국 최초의 백만장자라고까지 말한다. 더비는 자신의 상당한 재산을 미국의 유명한 예일대학에 기부하였다. 그렇다 하더라도 정작 인도에서 미국까지의 길고 위험한 항해에서 고생한 선원들에게는 별 이익이 없었다.

그러면 그렇게 열렬히 열망하던 향신료가 왜 유럽사회에서 서서히 세력이 약화되었는지 궁금하지 않을 수 없다. 중세 유럽인들에게는 향신료에 신비하고 환상적인 이미지를 불어넣었다. 그런데 17세기 유럽 국가들의 식민지 정복이 끝나가면서 그들에게는 더 이상 정복할 것도 신비할 것도 없어졌다. 그러자 유럽인들에게 향신료에 대한 환상도 깨지고 말았던 것이다. 이와 더불어 17세기부터 유럽에는 새로운 기호상품들이 들어오기 시작하였다. 커피, 차, 코코아, 설탕 등이 이에 속한다. 결국 후추와 다른 향신료가 차지했던 자리를 이들 물품이 대신 들어섰다.

우리나라의 경우, 중국에서 들어왔다 하여 '호초'라 불리던 후추는 신안 앞바다에서 인양된 원나라의 배 안에서 후추상자가 발견된 것으로 보아 고려 때 후추거래가 활발했음을 짐작해본다. 우리나라 역시 초기에는 후추를 식용으로 사용하기보다는 약용으로 사용하였다. 사람들은 후추를 아침마다 먹으면 더위와 추위를 타지 않는다고 믿었다. 그리고 여름철에는 찬물에 후추 한 알을 넣어 마시면 배탈이 나지 않는다고 하여 집을 떠날 때 상비약처럼 구비하고 다녔다. 이런

후추는 서양에서와 마찬가지로 우리나라에서도 값비싼 수입품이었
기 때문에 일반 서민에게는 하늘 높은 곳에 있는 식품이었다. 후추를
비롯하여 파, 마늘, 겨자 등 매운 맛을 즐겼던 우리 선조들에게 후추
재배는 새로운 도전이었다. 그러나 후추는 우리나라에서 재배가 잘
되지 않아 자연히 더욱 귀해졌다. 일반 서민들은 물론이고 상류층의
일부만이 후추를 구할 수 있었다. 그래서 인색한 정을 표현하는 말로
옛말에 '후추 쓰듯 주는 정'이라는 말이 있었다. 특히 기방의 기녀들
사이에서 손님들에게 후추 쓰듯 정을 아껴 주라는 말로 사용했다고
한다.

유성룡이 쓴 임진왜란 야사로 임진왜란의 원인과 전황 등을 기
록한 『징비록懲毖錄』에 임진왜란이 일어나기 전 후추와 일본사신에
얽힌 이야기가 있다. 선조 때 일본의 도요토미 히데요시는 사신들을
조선에 보냈는데 그 사신들은 조정에서 베푸는 주연에 참석하여 술
잔이 오고 간 후 분위기가 무르익자 일본 사신 두 명이 후추를 마구
뿌렸다. 그러자 그 자리에 있던 벼슬아치, 악공, 기생 등이 후추를
줍느라 정신이 없었다. 이를 본 일본 사신들은 조선의 정신상태가
이러하니 침략을 해도 무난하겠다고 생각했다. 그만큼 당시 우리나
라 사람들에게는 후추가 귀한 물건이었음이 분명하였다. 하지만 이
이야기는 우리의 마음을 씁쓸하게 만드는 것만은 어쩔 수 없는 심정
이다.

후추의 자리를 대신한 설탕이나 차, 커피 역시 생산이 대량화되
어 더 이상의 희소가치가 떨어지면서 이것들 역시 사람들에게 매력
이 없어졌다. 아마 다이아몬드도 대량생산이 된다면 여자들이 다이
아몬드에 마음이 흔들리는 일은 없을 것이다. 그러나 후추는 부의 상

징적 위치를 여러 가지 다른 새로운 기호품에게 내주었지만, 대량생산으로 육류를 주로 하는 서양사회에 여전히 주요 식품재료로 남아있지만, 우리나라에서의 경우는 후추가 대량생산이 되지 않아 오히려 퇴출된 경우라 볼 수 있다. 매운 맛을 원하던 일반 사람들에게 후추는 한마디로 그림의 떡이었다. 그것도 아무 곳에서나 볼 수 있는 그림도 없었다. 그러던 중 색깔도 예쁘고 우리나라에서 재배도 가능한 고추는 서민들의 욕구를 충족시켜 주기에 충분하였다. 게다가 발효음식문화인 우리의 식생활에 고추는 더없이 적응하기에 적합하였다. 한마디로 우리나라에서 후추는 고추에게 밀린 경우다.

황제들의 음식, 캐비아

▼

　　외국영화에서 보면 공주같이 예쁜 여자 주인공과 왕자님같이 멋진 남자 주인공이 아주 분위기 있는 식당에서 식사를 하는 장면을 볼 수 있다. 그들은 아주 오래된 고급 포도주에 캐비아를 전채요리 Appetite로 주문한다. 캐비아는 외국에서도 아주 고급 요리로 통한다. 고급요리라기 보다는 비싼 요리로 더 많이 통한다. 세계 최초 24시간 뉴스 전문방송인 CNN을 창립한 테드 터너와 영화배우이자 피트니스계의 선구자이기도 한 제인 폰다가 신혼여행 때 가져갔다는 일화로 캐비아는 더욱 사랑의 음식으로 유명해졌다. 실제로 서양에서는 오래 전부터 캐비아를 에로틱푸드로 바라보는 사람들이 많았다. 아마도 여성의 성기를 상상하게 하는 굴처럼 캐비아가 난자를 닮아서 아닐까? 아마도 캐비아가 귀하고 비싸기 때문에 특별한 이벤트 때 준비하는 음식으로 경제적 파워가 있는 사람이 사랑하는 사람을 향한 유혹으로 여겨지기 때문일 것이다.

캐비아는 철갑상어 알로 검은색이다. 캐비아caviare는 철갑상어의 알을 뜻하는 터키어 카비아khavia에서 비롯된 말로 철갑상어의 알을 소금에 절인 음식이다. 그러므로 다른 생선의 알이어서는 안 된다. 철갑상어는 바다에서 살다가 알을 낳으러 강으로 올라온다. 미국이나 다른 지역에서도 생산은 되지만 주로 러시아에서 생산되는 것이 유명하다.

로마 귀족들의 호화스러운 생활의 중심에는 철갑상어가 있었다. 소금에 절인 생선을 올리브기름에 재우거나 튀겨 먹는 그리스의 식습관에 영향을 받아 로마사람들도 어패류를 즐겼는데, 세베루스Severo 황제는 장미꽃 침대 위에서 악기연주를 즐기며 철갑상어를 먹었다. 사실 그 알인 캐비아를 먹기 시작한 것은 가난한 어부들이었다. 철갑상어의 고기를 팔기 전에 알을 꺼내 먹었다. 인생 새옹지마라고 철갑상어는 맛이 풍부하지 않고 살이 단단하여 지금 사람들에게 별 관심이 없는 생선이 되었고, 가난한 어부들이 먹던 캐비아는 세계최고 진미로 통한다.

요리하면 그래도 알아주는 프랑스에서는 프로방스 시골 사람들만이 캐비아의 가치를 알고 있었을 뿐 대다수는 먹지 않는 낯선 음식이었음에 분명하다. 러시아 표트르 대제Pyotr Alekseyevich가 유럽을 방문하는 동안 프랑스의 루이 15세에게 의례적으로 캐비아를 권했는데, 루이 15세가 캐비아를 맛보더니 베르사유 궁전의 바닥에 뱉어낸 사건은 유명하다. 이 사건은 루이가 무례해서가 아니라 워낙 어렸기 때문에 문제가 되지 않았다. 어른이 그랬다면 그 무례함에 전쟁이라도 일어날 판이었겠지만. 하지만 그의 할아버지 루이 13세는 최상급 캐비아를 먹기 위해 주산지인 카스피해로 직접 시종을 보낼 만큼 캐비아를 좋아했다.

러시아 사람들은 철갑상어와 캐비아를 거의 신비스러울 정도로 최고로 여겼다. 그해 처음 잡은 철갑상어와 캐비아는 황제에게 진상했다. 러시아에서 철갑상어는 영광, 행운, 권력을 상징하는 생선이다. 지위와 부를 자랑하고 싶은 사람은 손님이 방문하면 언제든 손님에게 대접할 캐비아를 준비하고 있었다.

러시아 혁명 이후, 파리로 망명한 러시아인 형제 멜콤과 모우체그 페트로시안Petrossian은 자신의 고국 러시아에서는 그렇게도 인기가 좋은 그 맛있는 음식이 맛의 나라로 유명한 프랑스에 없다는 것에 놀랐다. 없다기보다는 아주 귀한 몇몇 신분의 사람들만이 먹고 있었다. 그래서 그들은 캐비아 수입 사업을 마음먹었다. 하지만 러시아 혁명 이후의 러시아는 예전의 러시아가 아니었다. 외교관계가 끊겼기에 어디하고 손을 잡고 캐비아를 수입해야 할지 몰랐다. 운 좋게 닿은 전화 한통이 그 길을 열어주었다. 그 전화를 받은 교환원이었다. 당시 돈 많은 귀족들이 즐기는 모든 음식처럼 캐비아 역시 혁명이 일어났을 때 인민의 피눈물을 짜내던 음식이었기에 당연히 숙청 대상이 되어야했지만 운 좋게도 캐비아만큼은 살아남은 음식이 되었다. 귀족들이 몰락하면서 캐비아의 판로가 사라졌고, 그렇다고 그 비싼 캐비아를 처분해 없앨 수도 없었기 때문이다. 이런 캐비아를 프랑스로 수출하게 된 것이니 러시아 입장에서는 대환영이었다. 1920년 수입된 캐비아는 우선 비싼 가격 때문에 프랑스 사람들의 관심을 끌었다. 그러나 관심은 관심일 뿐, 프랑스 사람들은 낯선 캐비아를 좋아하지 않았다. 1925년 그랑 팔레Grand Palais에서 열린 만국박람회에서 무료시식을 했지만 사람들은 모두 루이 15세가 했던 것처럼 그 비싼 캐비아를 그냥 뱉어냈기에 그것을 받아내는 통을 준비해야 했다. 그러나 차츰 시간이 흐르면서 경험과 맛을 아는 사람들이 늘어나면서 프랑스에서 캐비아는 고급 음식으로 자리 잡았고 사치품에 부과되는 세금까지 내면서 캐비아를 사서 먹게 되었다. 이렇게 외국으로 수출할 수 있는 캐비아는 궁핍했던 러시아 혁명정부에게 단비와 같았다. 아이러니하게 노동자계층의 식량이 부족하여 외국에서 곡식을 사오기 위한 돈은 결국 돈 많은 부르주아들이 먹던 캐비아를 수출하여 충당할 수 있었다.

사실 캐비아는 맛보다는 희귀하기 때문에 비싸다. 그래서 부자들에게 유행하는 식품이다. 결국 소금에 절인 캐비아는 송로버섯 트뤼플, 거위 간인 푸아그라와 함께 프랑스를 포함한 유럽의 3대 진미로 꼽히는 음식으로 부와 권력의 상징이었고 사치의 대명사가 되었다. 알베르 코엥Albert Cohen의 소설 『영주의 애인』에서 되므 가족은 국제연맹의 사무차장을 융숭하게 대접하면서 "캐비아는 식품 중에서 가장 귀족스럽고 가장 비싸다."고 했다. 셰익스피어도 햄릿 제2막 2장에서 말했다. "caviar to the general" 돼지 목에 진주목걸이라고나 할까? 한마디로 귀족들이나 부자만이 먹을 수 있는 그 비싼 캐비아를 일반 사람들에게 주다니! 말도 안 된다는 말이다. 이런 말이 나올 정도로 유럽의 황제나 러시아 황제들의 음식이었던 캐비아는 이 음식을 먹을 수 있다는 것 자체만으로도 영광이 되었다. 영국의 에드워드 2세Edward II는 철갑상어를 잡으면 무조건 왕실에 바쳐야 한다는 법령을 만들 정도로 캐비아를 즐겼다고 한다.

구소련이 망하면서 많은 사람들은 이 철갑상어에 대해 걱정하기 시작했다. 멸종이 두려웠던 것이다. 철갑상어는 워낙 적은 양의 알을 낳기 때문에 많은 캐비아를 얻기 위해서는 더욱 많은 상어를 잡아야 한다. 그리고 캐비아를 얻기 위해서는 반드시 상어를 죽여야 한다. 다행히도 지금은 많은 사람들의 식성이 바뀌어 꼭 철갑상어 알만을 고집하지 않고 다른 생선의 알도 먹고 게다가 양식을 하기도 한다. 그런데 이렇게 귀한 캐비아가 그냥 버려졌거나 메기의 미끼로 사용된 때도 있었다니 믿기가 어렵다. 시대에 따라 금은보화가 되었다가도 별 볼일 없는 잡동사니가 될 수 있는 것이 세상살이인가 보다.

그런데 먹기도 아까운 캐비아는 오래 전부터 미용재료로 사용되어 과거 유럽과 러시아의 왕족들은 결혼 전에 캐비아를 듬뿍 먹고 미용을 위해 전신에 마사지했다. 최고의 사치를 누린 예라 하겠다. 그리하여 최근에는 그런 풍습을 따라 캐비아에 천연 비타민과 아미노산 성분 등이 다량 함유되어 있어 피부미용에 좋다고 사용되고 있다. 한쪽에서는 보호를 위해 애쓰고 다른 한쪽에서는 먹는 것도 모자라 얼굴에 바르고 있는 현실이 되었다.

마리 앙투아네트가 마지막으로 먹고 싶어 했던 음식, 푸아그라

푸아그라는 각종 정상회담의 만찬 메뉴로 등장하는 프랑스 고급요리의 대명사다. 음식비평가 윌리엄 시트웰William Sitwell의 저서 『역사를 바꾼 백가지 레시피』에 따르면, 1788년 프랑스 알자스 주지사인 마레샬 드 콩타드Maréchal de Contades는 프랑스 왕 루이 16세에게 푸아그라를 바치면서 피카르디 지방의 북쪽 땅 일부를 알자스에 포함시켜줄 것을 요청했다. 푸아그라는 콩타드의 요구에 전문 주방장이 개발한 메뉴였다. 왕은 그 맛에 반해 '먹는 황금'이란 이름을 붙였다. 대체 푸아그라가 얼마나 맛있기에 땅까지도 양보하는 음식일까? 나 같은 서민은 평생 맛보지 못할 음식이다.

거위나 오리에게 억지로 먹이를 먹여서 지방을 축적시킨 간을 재료로 만든 푸아그라는 인간의 탐욕을 나타내는 음식이다. 음식을 먹는 것이 즐거움인 것만은 분명하나 어느 정도를 넘어서 배가 부른 상태가 되면 그 이상의 음식섭취는 고통인데 푸아그라는 오리나 거위의 고통을 희생해서 인간의 쾌락을 만족시켜주는 음식인 것이다.

흥미로운 것은 거위는 어리석게도 억지로 먹이를 먹여도 그냥 계속 먹는다는 것이다. 이런 습성을 처음 알아낸 것은 고대 이집트 사람들이다. 야생 거위는 겨울을 피해 먼 거리를 이동하기 위해 엄청난 양의 먹이를 먹어 지방 형태로 에너지를 축적해둔다. 이집트 사람들은 이렇게 지방을 잔뜩 축적해둔 거위를 먹게 되었고 이런 거위의 습성을 집오리나 집거위에게 이용했다. 억지로는 아니지만 우리가 바로 기름진 가을철 전어가 맛있다고 먹는 거나 마찬가지다. 고대 이집트 제5왕조의 한 피라미드에는 깔때기를 대고 억지로 거위에게 먹이를 먹이는 방법이 그려져 있다(현재 루브르 박물관에 소장). 기원전 2세기에 로마 정치가 카토의 『농경서』에 적힌 "닭이나 거위에게 먹이를 억지로 먹이는 방법" 설명에 따르면, 이런 관습은 고대 그리스나 로마 사람들에게도 흔한 일이었다. 플리니우스는 "로마인들은 거위에서 제일 맛있는 부위는 간이라는 것을 알고 있었다. 거위에게 먹이를 많이 먹이면 간이 엄청나게 커지고, 그 간을 꿀과 우유에 넣어두면 크기가 더 커진다."고 했다. 결국 푸아그라는 앞에서 언급한 마레샬 드 콩타드의 주방장이 처음 만든 것은 아니었다.

로마에는 무화과가 흔했다. 그들은 무화과를 거위에게 먹였고 무화과를 먹은 거위의 간은 최고의 푸아그라였다. 프랑스어로 푸아foie는 간을, 그라gras는 지방을 뜻하지만, 원래 '푸아'라는 이름은 라틴어로 무화과ficatum라는 뜻을 가지고 있다. 결국 푸아그라는 '무화과로 살찌운 지방'인 것이었다.

역사에서 보면 프랑스에서 발간된 많은 요리책에서 푸아그라에 대한 이야기를 쉽게 찾을 수 있다. 실제로 '푸아그라'하면 프랑스가 연상된다. 아주 오래전 이집트에서 살던 유대인들이 프랑스 알자스 지방으로 이주해 거위와 오리를 사육하면서 자연스럽게 푸아그라 요리를 만들게 되었지만, 로마시대까지 왕과 권력자들의 식탁을 장식했다가 게르만계의 정복에 의해 시들해진 푸아그라가 왕의 요리로 다시 등극할 수 있었던 것은 루이 16세 때문이다. 루이 집안은 화려한 생활과 특이한 음식을 맘껏 즐긴 로얄 페밀리였다. 어찌되었든 왕이 애호하는 음식은 귀족들 사이에 역시 선망의 음식이 되었다. 푸아그라를 넣어 만든 고기파이는 18세기 프랑스 왕족과 귀족들이 좋아하는 메뉴에 들어갔다. 얼마나 그들이 푸아그라에 집착했는지, 프랑스 혁명이 일어나 단두대에서 사라질 위기에 처해있던 루이 16세의 왕비, 마리 앙투아네트가 마지막으로 먹고 싶어 했던 음식이 바로 푸아그라다. 부창부수라고 남편이 좋아하던 푸아그라를 부인도 좋아했던 것 같다. 그렇지만 프랑스 혁명 이후 많은 것이 바뀌었다. 베르사유 궁정의 요리사를 비롯한 많은 귀족의 요리사들이 일자리를 찾아 나서야 했다. 그 중에는 푸아그라 고기파이를 판매하는 레스토랑을 연 요리사도 있었다.

돈이 있는 사람은 누구나 푸아그라를 먹고 돈의 위력을 과시할 수 있게 되었다. 푸아그라를 얻기 위해서는 많은 시간과 노동력이 필요하다. 그래서 푸아그라는 부의 상징적 음식이 될 수 있었다. 그런데 과학자들이 이 문제를 해결해줄 방안을 알아냈다. 식욕을 조절하는 뇌의 신경체계를 교란시키는 것이다. 그러면 거위는 환각에 빠진 것처럼 끊임없이 먹게 되어 며칠 안에 푸아그라를 얻게 되는 방법이다. 이제 푸아그라의 공급이 쉬워져 가격은 어느 시대보다 저렴해질 일만 남았다. 그렇지만 문제는 너무 비윤리적인 이런 방식이 결코 대부분의 사람들에게 호의적이지 않을 것이고 가격이 싸지면 사람들은 예전만큼 푸아그라에 대한 환상을 갖지 않을 것이다. 남들이 먹지 않는 특별한 음식을 먹는 희열은 사라지기 마련이다.

음식은 기름이 자르르 흘러야 맛이 좋다. 소고기도 마블링이 많은 것이 등급이 높다. 그런데 고기부위도 있는데 왜 하필 간일까? 로마시인 호라티우스는, 간은 정열, 특히 관능적 사랑을 상징한다고 했고, 수에토니우스는 지능과 마음의 중심이라고 했다. 그래서 푸아그라를 먹으면 육체적 즐거움을 느끼게 된다고 믿었다. 그러니 고대사회에서 특히 로마와 같은 시대에 간을 먹는 것은 쾌락을 찾아 헤매는 그들에게 안성맞춤의 음식이었다.

간에는 동서양 모두에게 특별한 의미를 내포하고 있다. 중국의 영향을 받은 지역에서는 간을 먹으면 힘과 용기가 난다고 믿었다. 농담 삼아 '간이 부었다'고 하는 것도 대담하다는 뜻으로 일종의 용기나 힘이 난다는 뜻과 상통한다. 간이 콩알만해지다는 것은 몹시 겁이 나고 두렵다는 뜻이니 충분히 이해가 간다. 실제로 아주 옛날 중국에서는 전장의 승자는 적의 간을 먹고 용기를 얻었다.

현대사회에 들어와 동물학대로 푸아그라에 대한 논쟁은 끊이지 않고 있다. 과연 푸아그라 금지가 쉽게 이루어질 수 있을까? 문제해결의 열쇠는 우리 같은 서민에게 있지 않다. 부자들은 계속해서 거위나 오리의 간을 요구할 것이다. 만약 법적으로 금지한다고 해도 금지가 될까? 금지에서 오는 유혹의 힘은 매우 강력하다.

식탁 위의 검은 다이아몬드, 송로버섯

폼페이의 집정관을 맡았을 정도로 상류층이었던 로마의 진정한 미식가였던 루쿨루스Lucullus는 송로버섯을 매우 좋아했다. 송로버섯을 언제부터 먹었는지는 정확히 알 수 없지만, 여느 버섯처럼 자연이 선사해준 이래로 인간은 이것을 먹었을 것이다. 송로버섯에 대한 첫 기록에 따르면, 기원전 5세기에 아테네에 거주하던 이방인들로 고대 그리스 도시국가들에는 메토이코스metoikos라고 불리는 거류외인 또는 재류외인이 있었는데 새로운 송로버섯 요리를 개발하면 시민권을 딸 수 있었다고 한다. 아리스토텔레스의 후계자 테오프라스토스Theophrastos는 송로버섯이 가을비 속에서 태어나기 때문에 비가 내리지 않거나 천둥이 치지 않으면 자라지 않는다고 했다. 이렇게 송로버섯에 대해서 고대 그리스 사람들은 신비로움을 가졌다. 퇴적물이 땅

속 내부열에 의해 변형된 것이라고 하는 사람도 있었고, 번개에 의해서 진흙이 익은 것이라고 말하는 과학적인 듯 비과학적인 사람도 있었다. 그만큼 구하기 어려웠기 때문에 나온 신비설일 것이다. 그런 영향을 받아서일까? 우리나라 말로 번역된 송로松露는 시적이다. 소나무 이슬! 신비함을 물씬 자아낸다. 우리나라에서는 소나무를 상당히 영적인 대상으로 보았기에 이런 이름을 지어준 것 같다. 하지만 소나무와는 아무관계가 없다. 주로 떡갈나무 숲에서 자란다. 그러니 우리나라의 토종 트뤼플은 송이버섯이라고 해야 할 것 같다.

송로버섯은 프랑스 속담에 '매년 8월 24일, 성 바르톨로메오Bartholomaeus 축일에 비가 많이 오면 송로버섯이 많이 난다'는 말이 있는 것으로 보아 여느 버섯처럼 송로버섯도 습한 조건을 좋아한다고 볼 수 있다. 그런데도 송로버섯 채집이 쉽지 않다. 땅 속에 묻혀있기 때문이다. 흙덩이인지 돌멩이인지 쉽게 구분이 가지도 않는다. 오로지 냄새로 찾아내야 한다. 후각이 발달한 돼지나 개를 이용한다. 아니면 송로버섯에 알을 낳는 송로버섯 파리의 도움을 받아야 한다. 송로버섯이 많거나 품질이 좋으면 이 파리가 더 많이 꼬인다. 그런 곳에 송로버섯 보물이 있다.

이렇게 희귀하기 때문에 그리고 독특한 향 때문에 송로버섯이 미각과 몸을 자극하는 것으로 오랫동안 여겼다. 로마제국의 마르쿠스 아우렐리우스Marcus Aurelius 황제와 콤모두스Commodus 황제는 송로버섯이 사람을 흥분시키고 감각적인 기쁨을 자져다준다고 믿어 송로버섯을 즐겨먹었다. 플라톤의 『향연』이 아닌 스파르탄 식민지 키테라의 필록세누스Philoxenus의 『향연』에는 숯불에 구운 송로버섯은 사랑놀이에 좋다고 했다. 1385년 프랑스의 샤를 6세가 바이에른의 이

자보Isabeau de Bavière와 결혼할 때 피로연에 송로버섯 요리를 내놓았다. 사치를 좋아하던 프랑스 귀족들 사이에 송로버섯 이야기는 퍼져나갔고 후에 이런 이유와 최음효과에 대한 믿음으로 16세기의 프랑스의 귀부인들도 어린 수탉의 고환과 아티초크, 그리고 송로버섯 등으로 만든 파이를 아주 좋아했다. 이런 재료들 역시 최음효과가 있다고 믿었기 때문이다. 이것은 송로버섯 속에 들어있는 페로몬 성분 때문이다. 그래서 돈 있는 사람들이 강장제 효능을 보려고 다 차지했는지 모른다.

송로버섯은 모양이 흉하다. 그러나 야생 숲의 향기와 신선한 흙 내음을 지닌 이 버섯은 생산량에 따라 다르겠지만 신선한 송로버섯이 1kg에 1억 원 넘게 팔려 화제가 된 적도 있다. 그러니 '식탁 위의 검은 다이아몬드'라고 할 만큼 귀한 것이다. 주로 프랑스, 스페인, 이탈리아 지역에서 생산된다. 우리 같은 서민은 넘볼 수 없는 음식재료인 것만은 분명하다. 〈세빌리아의 이발사〉의 작곡가로, 또 미식가로 유명한 로시니Rossini는 송로버섯을 너무 좋아해 '버섯의 모차르트'라는 별명을 붙였다. 그런 그가 송로버섯 요리 때문에 운 적이 있다고 한다. 언젠가 파리의 세느강 유람선에서 송로버섯-칠면조 요리를 먹다가 그만 강물에 빠뜨렸단다. 얼마나 애석했으면 눈물이 났을까? 어떻게 주문한 요리인데. 그러나 이 비싼 버섯은 향이 진하고 독특하여 이탈리아에서는 기차객실로 반입하는 것을 금한 적이 있다한다. 그 향기 여러 사람들이 같이 맡으면 좋을 텐데….

미식가들은 트뤼플이라는 말만 들어도 군침이 돈다고 한다. 고급 레스토랑에서는 비싸서 먹기 힘들어도 유럽의 공항 식품코너에서 병이나 깡통에 넣은 트뤼플을 만날 수 있다고 하니 여행 기회가 있으면

꼭 맛보고 싶다. 우리나라의 송이만큼 향이 강할까? 만약에 송로버섯
의 인공재배가 성공한다면, 사람들은 지금처럼 송로에 열광하고 찬
양할까?

노동자의 슬픔을 감춘 설탕

단맛은 인간을 끊임없이 유혹하여 왔고, 인간은 본능적으로 그
맛을 쫓아 꽃이나 나무를 따라다녔다. 다행히도 자연은 너그러워 유
채꽃, 사탕수수, 사탕무 등의 단맛을 내는 수많은 꽃과 나무를 제공
해 주었다. 어릴 적 꽃밭에서 빨간 샐비어 꽃을 따서 쪽쪽 빨아먹었
던 기억이 난다. 아카시아 꽃도 친구들과 함께 따먹었다. 이런 정도
의 단맛도 우리에게는 큰 즐거움을 주었다. 하지만 이런 것만으로
부족했던 인간들은 벌들이 자신들의 먹이로 모아둔 꿀을 약탈했다.
꿀은 비교적 쉽게 얻을 수 있고 당도도 높았다. 꿀맛을 알게 된 인간
은 더욱 강한 단맛을 원했고 새로운 단 것을 찾다가 설탕을 발견하
였다.

설탕의 역사는 그 맛만큼 달콤하지 않다. 17세기의 설탕사업 뒤
에는 사탕수수 농장에서 강제노역에 시달리던 노예들의 땀과 고달
픔이 숨어있고, 19세기 유럽에서 설탕소비가 증가할 수 있었던 것
역시 고단한 노동계층이 배고픔을 달래기 위해 맥주와 수프를 대신
하여 값싼 설탕물을 마셔야 했던 슬픔이 숨어있었다. 다른 많은 기
호품과 마찬가지로 설탕의 역사 뒤에도 자본의 논리가 숨어있었던
것이다.

벵골(Bengal) 원래 인도 북동부의 한 주였으나 현재 일부는 방글라데시의 영토이다. '설탕의 땅'이라는 의미를 가지고 있고 부처의 조상들이 이곳에서 왔다고 한다.

유럽 국가들의 탐욕으로 아프리카 노예들의 희생을 만들어낸 사탕수수의 역사에 관한 인도의 전래이야기에 따르면, 사탕수수는 인도의 벵골Bengal□에서 태고적인 기원전 6000년경부터 재배되어 아시아, 아프리카를 거쳐 유럽으로 전해졌다고 한다.

'꿀벌도 없이 꿀을 주는 갈대' 즉 사탕수수는 기원전 4세기경 인도로 진출한 알렉산더의 원정에 따라 유럽에 처음 소개되었으나, 무엇보다 아랍인들(이슬람교도, 캐러밴)의 진출로 설탕의 비밀은 깨지고 설탕의 생산이 유럽과 그 밖의 여러 지역으로 전파되어 비싼 약품으로 혹은 부유하고 권력 있는 사람들만이 먹을 수 있는 사치품이 되었다.

7세기 초에 아랍에서 탄생한 이슬람교는 인도와 인도네시아 지역까지 포교되었으며, 이슬람교의 전파와 함께 사탕수수의 재배와 설탕제조기술도 전파되었다. 로마가 동서로 분열되고 신흥세력이 지중해를 장악하면서 설탕은 전성기를 맞는다. 아랍 사람들은 사탕수수의 재배가 가능한 모든 지역에 대규모 설탕제조공장을 세웠다. 더 나아가 1000년경에는 크레타Creta(결정화 설탕)섬에 설탕정제공장을 세웠다. 처음에 사탕수수의 즙을 그대로 먹던 것을 시럽으로 만들었고, 그 후 설탕이 만들어졌다. 아랍 사람들은 설탕과 캐러멜을 만들어 각국에 수출하여 많은 이익을 얻었다. 캐러멜은 아랍어로 '달콤한 소금으로 만든 공'이라는 뜻인데 지금은 석유가 아랍 사람들에게 달콤한 수출 이익을 가져다 주고 있다.

십자군 전쟁 발발 후인 11세기 말, 설탕정제과정에서 나오는 달콤한 냄새는 유럽의 십자군을 유혹했다. 전쟁을 마치고 돌아가는 십자군(기독교)은 설탕을 본격적으로 유럽으로 확산하였다. 십자군 전쟁에 의해서 유럽에 전파된 설탕은 그야말로 왕과 귀족들의 향신료로 쓰이는 사치품이었고, 설탕으로 장식한 케이크는 권위의 상징이었다. 부유층 사람들은 후식으로 설탕과자를 먹었고, 각종 요리에 감미료로 설탕을 사용하였으며, 커피와 홍차가 널리 보급되면서 설탕의 소비도 증가하였다. 특히 영국의 경우 포르투갈의 캐서린 공주가 시집올 때 차와 설탕을 가져와서 차에 설탕을 넣어 마시는 것을 본 귀부인들은 이를 따라 하기에 바빴다. 설탕이 생산지를 떠나 프랑스, 북유럽, 영국으로 가게 되면 가격은 천정부지로 올라갔다. 높은 가격에도 불구하고 유럽에서는 항상 설탕이 수요에 비하여 공급부족이었다. 설탕의 수요가 늘자 영국은 설탕식민지를 개척하여 설탕무역을 지배함으로써 18세기의 세계경제를 지배하게 되었다. 이러한 상황에서 '음식제국주의'라는 말도 등장하였다.

16세기 말 콜럼버스가 새로운 땅을 발견한 이후, 영국을 비롯한 유럽의 정치가나 사업가들은 아메리카의 브라질이나 카리브해안에 사탕수수를 심었다. 그 곳의 기후는 사탕수수를 재배하기에 아주 적합하여 대농장 플랜테이션plantation이 만들어졌다. 인도나 이슬람 국가로부터 수입되던 설탕을 이제 유럽인 자신들의 손으로 생산하게 되었다. 문제는 노동력이었다. 이를 해결하기 위해 끌려온 아프리카 노예들은 설탕산업이 짧은 시간 내에 새로운 터를 잡는 데 큰 몫을 하였다. 유럽인들은 정제설탕을 만들기 위한 공장을 유럽, 아메리카 대륙 등에 다투어 설립하였다. 정제한 설탕이 훨씬 비쌌기 때문이었다.

18세기에 들어서서도 정제과정을 거친 설탕은 꿀보다 비쌌고,

프랑스를 비롯한 많은 유럽국가에서는 여전히 설탕은 귀한 식품이고, 많은 이익을 안겨다 주는 '하얀 금White Gold'이었다. 그러자 유럽의 국가들은 설탕에 많은 세금을 붙이게 되었고 그로 인해 설탕은 더욱더 부자와 권력자만이 먹을 수 있는 사치식품이 되었다. 그러나 설탕의 생산이 늘고, 1874년 영국에서는 과도한 세금제도를 폐지하였고, 이로 인해 평범한 시민들도 설탕에 다가설 수 있게 되었다. 특히 산업화 시대의 영국 노동자들은 대량 생산된 값싼 설탕 수프로 칼로리를 얻을 수 있었다. 즉 설탕물을 마셨던 것이다. 입은 달지만 마음은 씁쓸한, 설탕 뒤에 숨어 있는 슬픈 이야기다. 그래서 『설탕과 권력』의 저자 시드니 민츠Sidney W. Mintz는 설탕은 단순한 식품이 아니고 오랜 세월 동안 우리의 삶을 지배해온 환경의 하나이고, 우리 삶의 형태와 변화를 추적할 수 있는 단서라고까지 말하였다.

설탕의 단맛 속에는 역사적으로 많은 갈등이 감춰져 있다. 콜럼버스 이후 19세기 말 브라질과 쿠바에 노예 해방령이 내려지기 전까지 아프리카의 원주민들이 강제로 팔려와 엄청난 노동력을 착취당했다. 사탕수수 농장의 아들이었던 피델 카스트로Fidel Alejandro Castro Ruz가 일으켰던 '쿠바혁명'에도 설탕이 밀접한 관계가 있다. 스페인의 식민지였던 쿠바는 1902년 독립하였지만, 사탕수수 단일작물재배 경제가 형성되어 실질적으로는 미국의 지배하에 들어갔다. 부패한 독재정권과 미국과 몇몇 대지주들에게 집중된 자본편중화로 일반 국민들은 궁핍한 생활에서 벗어날 수 없었다. 이 외에도 이익을 남기기 위해서 북아메리카에서는 설탕시럽을 만드는데 많은 인디언의 노동력이 착취되었다.

금보다 설탕으로 인해 사람들은 울고 웃던 시대가 있었으나 사탕수수에만 의존하던 설탕은 사탕무의 발견으로 더 이상 기존의 거대한 이익을 가져다주지 않았다. 1794년 독일의 과학자 안드레아 마그라프Andreas Marggraf는 소나 돼지의 사료로 쓰이던 사탕무에서 설탕을 뽑아냈고, 영국에 대한 유럽대륙봉쇄(1806) 이후, 나폴레옹은 영국의 설탕교역독점에서 탈피하기 위해 사탕무산업을 발전시켰다. 이 결과 사탕무는 오늘날 사탕수수와 더불어 설탕의 주원료가 되었다. 1979년 이후 드디어 설탕의 생산이 소비를 앞질러 가격폭락이 일어나자, 이제는 달콤한 맛으로 승부를 내기보다는 설탕의 알코올 전환 등을 이용하여 석유의 부족을 메우기 위한 대체연료에 대한 연구가 시도되고 있다.

　일부 의사들은 설탕에 중독성이 있다고 발표하였다. 설탕을 비난하는 것은 곧 설탕무역에서 막대한 이익을 얻는 정부에 반항하는 것이었다. 설탕은 초콜릿이나 커피, 맥주와 마찬가지로 한 번 먹게 되면 계속 먹어지는 기호품이다. 이러한 것을 많은 사람들이 계속 먹어 주어야만 돈이 들어온다. 돈이 필요한 곳 혹은 돈을 좋아하는 곳은 바로 정치계나 종교계였다. 돈이 있어야 정치도 하고, 돈이 있어야 큰 교회도 지었다. 그래서 정치인이나 종교인들은 미련한(?) 아니면 순진한(?) 국민들 건강에 좀 나쁘다고 해서 설탕공급을 딱 끊지는 않았다. 1920년대의 미국 유행가의 제목으로 우울한 기분을 달콤한 설탕을 먹으며 달랜다는 내용의 노래와 같은 『슈거 블루스Sugar Blues』책에 따르면 근대 자본주의시대로 들어오면서 설탕업계는 막대한 돈으로 과학자들을 은밀히 매수하여 왜곡된 설탕광고로 대중을 현혹하였다거나, 정제된 설탕의 유해성을 지적한 과학자들의 성과를 무시하였다고 주장한다. 한 예로 당뇨병을 발견한 17세기 영국의사 토머스 윌리스Tomas Willis는 당시 부유한 유명인들의 오줌이 갑자기 달 짝지근하면서 배뇨횟수가 많아진 것을 발견하고 그 질병이름에 소변이 많이 배출된다는 의미의 'diabetes'와 '꿀'의 달콤함을 뜻하는 'mellitus'를 함께 사용하였다. 즉 'diabetes mellitus'라고 불렀다. 병의 원인을 설탕이 아니라 '꿀'로 돌린 것이다. 이것은 윌리스의 환자 대부분이 설탕무역으로 막대한 이익을 보고 있는 사람들이기에 설탕을 탓할 수 없었다는 것이다. 이러한 일은 현대 사회에서도 충분히 가능하고, 실제로 어디에선가 이루어지고 있다고 생각된다.

그러면 우리나라에는 언제 설탕이 들어온 것일까? 우리나라에서 설탕에 관한 최초의 기록은 고려 명종 때 이인로의 『파한집』으로, 설탕은 중국에서 전해진 것으로 추측하고 있다. 그 당시 설탕은 상류층에서 약용이나 기호품으로 사용되었던 것으로 전해진다. 그 후 1920년 평양에 처음으로 제당공장이 세워져 설탕이 생산되기 시작하였고, 광복과 한국전쟁을 겪은 후 부산에 제당공장이 세워져 수입 원당(원료당)에서 설탕을 대량으로 생산하기에 이르렀다. 우리의 설탕역사는 비교적 짧은 터라 우리 역시 1960~70년만 해도 설탕값이 비싸서 명절날과 같은 특별한 날에 선물로 사용되던 때가 있었다. 지금의 시각으로 보면 정말 소박한 선물이 아닐 수 없다.

설탕은 사람들의 입을 즐겁게 해주어 우리 삶에 큰 공헌(?)을 한 것만은 틀림없다. 오늘날에도 여전히 몇 층짜리 웨딩케익이나 발렌타인데이의 사탕 혹은 초콜릿 바구니, 멋진 디저트 등에는 권력이나 부의 냄새가 숨어있다. 그것은 설탕에 과거 권력의 달콤함이 숨어있기 때문이다. 다시 말하자면, 사람들이 설탕을 대량소비하게 된 것은 단맛을 좋아한 이유 외에도 설탕이 가진 '의미'때문이라고 볼 수 있다. 그 의미를 적절히 이용한 사람들은 바로 권력자들이었다. 설탕이 사치품에서 생필품으로 지위가 내려가면서 설탕으로 부를 드러내기보다는 설탕을 팔아서 부를 쌓는 새로운 권력자들이 생겼다. 우리나라의 경우 삼성도 어느 부분 설탕을 먹고 성장한 기업이다. 현재 설탕을 이용한 권력자는 없지만 새로운 시대에 그들은 또 다른 식품으로 자신들을 보통 사람들과 다른 특수계층으로 만들려고 시도하고 있을 것이다.

소고기 사먹겠지

몇 년 전 KBS 코미디 프로그램인 〈개그콘서트〉의 '어르신' 코너에서 왕어르신으로 등장하는 개그맨 김대희 씨는 말끝에 늘 "소고기 사먹겠지"란 대사를 붙였다. 추석 때 모든 가족들이 고향에 내려오면 기분 좋다고 소고기 사먹고, 빌라에 살다가 아파트로 이사한 다음에 집들이를 할 때도 기분 좋다고 소고기 사먹고, 손자가 취업시험에 합격해도 기분 좋다고 소고기 사먹는다는 식이다. 그에 따르면 세상의 모든 좋은 일은 늘 소고기를 사먹으며 축하하는 것으로 마무리된다. 오늘날 소고기는 과거보다는 사먹기가 쉬워졌지만 그래도 여전히 부의 상징이자 누구나 갈망하는 대표적인 음식의 지위를 지키고 있다.

소고기가 귀하던 시절 어르신들은 부의 상징이던 소고기 한번 실컷 먹는 게 소원이었다. 소고기가 흔해진 지금도 우리는 습관처럼 소고기를 갈망하며 산다. 소고기는 한국인에게 단순한 음식이 아니라 부의 상징이자 삶의 애환이 담긴 문화적 코드다.

　이런 목마름을 해결해 준 것이 있었으니 바로 '소고기라면'이었다. 1970년 10월 삼양식품은 소고기를 수프 원료로 넣은 '쇠고기면'을 내놓았다. 제품명에 당당히 '쇠고기'가 들어가고 포장지에 그려진 커다란 소가 온몸으로 '쇠고기가 재료임'을 알리는 이 라면에 사람들은 열광했다. 그 스프 안에 어느 정도의 소고기가 들어갔는지 모르지만 소고기에 대한 로망을 가진 우리 서민들의 마음을 달래주는 라면이었다.

　한국인의 명절 밥상에 '흰 쌀밥에 소고기국'은 필수코스다. 가난하건 부자건 돈의 유무를 떠나 명절 아침상만큼은 '흰 쌀밥에 소고기국'이 오른다. 웰빙바람에 흰 쌀밥이 잡곡으로 변해도 소고기의 지위는 변하지 않았다.

　외식음식으로 1순위는 삼겹살 아니면 소고기다. 소고기가 가장 먹고 싶지만, 지갑이 얇은 탓에 돼지고기를 먹는다. 사실 소고기는 지방이 좀 걱정스러운 것을 빼면 영양상으로 아주 좋은 음식이지만 생산하기가 힘든 것이 사실이다. 무엇보다 농경사회에서 농사에 직접적으로 이용되는 소는 함부로 먹을 수 없다는 상징적인 힘을 가졌다. 그래서 한국인에게 소고기는 로망의 대상이고, 높은 가격 때문에 특별한 날에나 먹는 그리고 잘 사는 사람들의 전유물처럼 오랫동안 굳어져 왔다.

　소는 농사에 이용되다보니 삼국시대 때부터 소고기 먹는 것은 금기일 때가 많았다. 금기는 인간의 본능을 자극하기 마련이다. 그래서 우리 민족의 피에는 늘 소고기를 먹고 싶어 하는 욕구가 존재해왔다. 이런 상황은 우리 선조들로 하여금 소의 모든 부위를 이용해서 요리하도록 만들었다. 무엇하나 헛되이 쓸 수 없었다. 본격적으로 우리나라에서 육식을 하게 된 것은 고려시대 몽고가 침략한 이후다. 불교를 믿었지만 늙고 약한 가축은 잡아먹어도 된다는 규칙이 있어, 고기 맛을 아는 귀족들은 다양한 변칙으로 소고기를 먹었다. 아예 육식을 허락한 시기는 조선시대다. 종교적 제약이 없었으니 종류를 가리지 않고 닥치는 대로 먹었다. 그러나 평민들은 사냥철에나 고기를 먹을 수 있어 육포가 발달했다. 우리나라에서 소는 밭갈이도 해야 하고, 수레도 끌어야 하고, 맷돌도 돌려야 했다. 심지어 우유도 제공했다. 그래서 조선의 성리학자들은 일생동안 인간을 위해 헌신한 소를 사람과 비슷한 존재로 칭송했다. 특히 율곡 이이는 "살아서는 뼈 빠지게 일하고 죽어서는 고기를 주는 이런 소를 먹는다는 것은 사람으로서 도리가 아니다"라고 하며 평생 소고기를 먹지 않았다고 한다. 그래서 율곡이이의 제사상에는 소고기가 오르지 않는다,

소가 부족해서 농사 짓기 힘들어지는 사태를 막기 위해 태종은 소 도축금지령을 내렸지만, 아무리 국가가 금지해도 권력을 쥔 양반들은 법위에 앉아있었다. 흥미로운 것은 태종의 아들 세종이 고기를 무척 좋아했다는 거다. 이러니 어찌 소고기 금지가 지켜질 수 있었을까? 우암 송시열은 『우암집』에 이렇게 적었다. "우리나라 풍속은 소고기를 으뜸의 맛으로 삼았으며, 이것을 먹지 않으면 죽는 것으로 여겨왔다. 따라서 소의 도살금지령을 내려도 귀담아 듣는 이가 아무도 없다." 가난한 사람들이야 금지령이 있든 없든 크게 다르지 않았다. 그러나 돈 있는 양반들이 문제였다.

이런 소고기에 대한 열망은 우리뿐만이 아니다. 유럽도 마찬 가지로 소수의 계층만이 소고기를 먹을 수 있었다. 이로 인해 산업혁

명 후 경제적 부를 확보한 시민들은 예전에 쉽게 먹지 못했던 소고기에 대한 로망이 있었다. 그래서 그들은 체계적인 방목으로 소고기 생산으로 옛날 주인들이 누리던 특권을 누리려고 애를 썼다. 그래서 한 때 영국에서는 고기를 사는 데 들인 돈이 빵을 구입하는 데 드는 돈보다 더 많았다고 한다. 이런 욕구에 의해 소고기는 힘이고 권력이었다.

소고기 중에 꽃등심도 좋지만, 갈비를 빠뜨릴 수 없다. 특히 갈비구이는 기름이 잘잘 흐르며 구워지는 맛이 일품이다. 그 갈비구이가 지금이야 고급요리지만 일제강점기 때만 해도 선술집이나 대폿집에서 술안주로 먹는 음식이었다. 1930년의 〈동아일보〉를 참고하자면, 국밥 한 그릇이 15전인데 비해 갈비 한 대는 5전이었으니 싸도 너무 쌌다. 지금이야 그램g단위를 사용하지만 예전에는 손바닥만 한 크기의 한 덩이가 한 대였다. 갈비구이는 먹는 모습이 흉해 선술집 안주로 밀려났지만 그 맛은 거부할 수 없어 그보다 약간 품위 있게 먹을 수 있는 갈비찜은 요릿집에서 먹는 고급음식이 되었다. 요리방법으로 같은 갈비가 대접받는 게 하늘과 땅이 된 것이다.

한국전쟁 이후 갈비찜이든 갈비구이든 사람들은 모두 환영했다. 경제가 성장하면서 소고기에 대한 욕구는 더욱 커졌는데, 그래서 등장한 음식 중 하나가 떡갈비다. 우리는 떡갈비를 궁중음식으로 잘못 알고 있는데 이것은 궁중요리가 아니라 갈비구이의 서민용 변환이었다. 1980년대 초까지만 해도 서민들이 재래시장에서 떡갈비를 사먹었다면, 자가용을 가진 부자들은 도시 근교로 나가 갈비구이를 사먹었다. 그래서 ○○가든, ○○공원 이라는 음식점이 등장한 것이다. 떡갈비가 궁중요리로 오해를 받는 것은 너비아니 조리법과 유사해서 비롯된 것으로 보인다.

경제가 좋아지면서 소고기 수요가 늘자 소고기 값은 더욱 치솟았다. 여전히 소고기는 서민들에게서 저만치 멀어졌다. 정부에서 대신에 돼지고기를 적극적으로 홍보하게 되었고 삼겹살이 그 자리를 채워주었다. 춘천닭갈비와 같은 닭갈비, 고등어구이인 고갈비 등도 소고기 욕구를 대신 충족해주기 위해 생겨난 음식이다.

5장
식품과 정치

한 국가의 정부는 때때로 한 잔의 커피에 의해 결정
된다.

-G.P.R. 제임스

　식품과 정치는 전혀 어울릴 것 같지 않은 관계로 보이지만, 사실 인류 역사상 여기저기에서 둘은 같은 길을 걸었다. 우리나라에서 가장 쉽게 사람들이 피부로 느끼는 식품과 정치의 관계는 아무래도 어떤 정치인이 무엇을 먹느냐이다. 어느 정도는 그에 따라 그의 정치 인생에 영향을 준다고 볼 수 있다. 그래서 정치인들은 선거철만 되면 국민의 대다수인 서민적인 인상을 주기 위해 시장으로 달려가 서민적인 음식을 먹는 장면을 연출한다. 흥미로운 것은 적지 않은 국민들이 그 전략에 말려든다는 것이다. 그러니 정치인들이 식품을 이용하지 않을 수 없는 것이다.

　음식을 이용한 정치라면 고대 로마제국의 황제들이 사용한 '빵과 서커스' 정책이 으뜸이다. 백성들에게 빵을 넉넉하게 주는 한편, 볼거리를 제공함으로써 정치에는 한눈을 팔지 못하게 했다. 입 막고 눈을 막은 것이다. 그래서 로마를 배경으로 한 영화에서 보듯이, 국민들 모두가 원형극장인 콜로세움에서 말도 안 되는 스포츠(?)에 열을 올리고, 먹는 것도 흥청망청한 분위기였던 것이다. 혹자는 로마가 망한 이유가 그들의 음식문화 때문이었다고 말한다.

위에서처럼 정치가 음식을 이용하기도 하지만 음식 때문에 정치적 변화가 일어나는 경우, 또 정치변화로 인해 음식이 영향을 받는 경우도 종종 있다. 그 대표적인 사건으로 프랑스 혁명을 빠뜨릴 수 없다. 마리앙투아네트의 '빵이 없으면 케이크를 먹어라'는 말은 1789년 파리 시민들을 바스티유감옥으로 습격하게 만들었고 음식사에 커다란 변화를 주었다. 최고의 변화 중 하나는 현재와 같이 손님의 취향에 맞춰 다양한 음식을 상품으로 판매하는 의미의 레스토랑 등장이다. 레스토랑은 유럽 음식문화를 완전히 바꾸었다고 해도 과언이 아니다. 이렇듯 어찌 보면 우리가 먹고 마시는 것들이 온전히 우리의 선택은 아니라는 것을 새삼 깨닫게 한다. 좋은 의도든 나쁜 의도든 정치와 음식은 서로 관계를 맺으며 인류가 발전해왔다고 볼 수 있다.

시민의식을 키운 커피

향이 좋아서든 각성효과 때문이든 많은 사람들이 오랜 세월 동안 그렇게 커피를 즐기는 것으로 보아 커피에는 몸에 좋고 나쁨을 떠나 뭔가 묘한 것이 있는 것이 분명하다. 향이 깊은 커피 한잔으로 우리는 정신도 가다듬고, 분위기도 잡아보고, 여유도 찾는다. 그래서 "커피 마신다"는 말은 "여유 있는 생활을 즐긴다"는 뜻을 함축한다. 그러나 커피는 이런 여유와는 상반된 긴장 속의 음료였던 적이 있다.

14세기 이전 이라크, 이집트, 터키 등의 이슬람교 사람들에게 커피는 종교생활을 위한 일종의 비밀스러운 약으로 쓰였다. 하루 여섯 번의 기도와 라마단이라는 단식기간 중에 커피는 잠을 깨워주는 비약이었다. 맑은 정신으로 이슬람교의 규율을 지키려면 하루에도 몇 번씩 커피를 마셔야 했다. 이 때문에 사람들 사이에서 커피를 확보하기 위한 경쟁이 치열하였다. 특히 오스만 제국의 번창과 함께 커피는 급속도로 펴져나갔다. 커피는 더 이상 비약이 아니었다. 그리하여 1543년 오스만 제국 황제가 커피금지령을 내렸지만 오히려 커피의 인기는 더욱 치솟아 터키문화의 한자리를 차지하게 되었다. 게다가 아예 터키의 수도였던 이스탄불에는 처음으로(1554) 두 명의 시리아 상인에 의해 커피하우스가 세워졌다. 그 후 이슬람교의 메카를 비롯한 오스만 제국의 영향을 받은 많은 지역에 커피하우스가 등장하였다. 이것은 사람이 좋아하는 것을 단순히 법으로 막을 수 없다는 것을 보여주기도 하지만, 관심이 없던 사람도 호기심에 관심을 갖게 되는 한 예가 되고 있다. 책, 영화, 노래 등도 법으로 심의한다하여도 인간은 금지된 것에 대한 갈증이 심화되어 그것들을 더욱 찾게 되듯이 말이다. 결국 거대한 권력이라도 많은 사람들의 갈망을 꺾지는 못한다.

커피하우스는 커피만 마시는 곳이 아니었다. 많은 사람들이 모이면서 '현자賢者의 학교'라 부르며 서로 교류를 하는 곳으로 변했다. 사람들이 이곳에 모여 사회, 정치, 종교 등에 관한 토론을 펼치자, 절대 권력자인 군주 혹은 종교지도자들은 이를 달가워하지 않았다. 즉 커피하우스가 생기면서 학생, 예술가, 철학가, 정치가들이 그곳에 모여 토론하는 것이 통치자들을 불안하게 만들었던 것이다. 그러자 그들은 여러 차례 커피를 금지시켰다. 금지령이 내린 외면상의 이유는 커피에는 흥분작용이 있어 술이나 담배처럼 종교적 견지에서 금지의 대상이 되고, 커피하우스가 화재를 종종 일으킨다는 이유였지만 무엇보다 커피하우스가 정치적 불온분자의 온상이었기 때문이었다.

십자군원정 이후 유럽인들은 르네상스(14~16세기)라는 문예부흥 운동으로 근대정신에 눈뜨게 되었고, 종교적 교리에 묶여 있던 커피에 대해서도 관대해졌다. 커피의 향 때문이었을까 아니면 커피의 독특한 성분 때문이었을까? 당시의 유럽 시인, 화가 등 예술인들은 커피를 무척 사랑하였다. 그야말로 커피는 시인에게는 영감을, 음악가에게는 악상을, 철학자에게는 진리를 떠올리게 한다고 찬미할 정도였다. 그러나 당시의 모든 사람들이 커피를 좋아하는 것은 아니었다. 여전히 일부 기독교인들에게 커피는 악마의 음료로 여겨지기도 하였다. 왜냐하면 이슬람 세계에서 전래되었다 해서 이교도의 음료로 배척했던 것이다. 어떤 사람은 당시의 기독교적인 분위기에서 커피 마시는 사람들은 금단의 사과열매를 따먹은 이브의 기분을 즐겼으리라고 말한다. 그래서 엄격한 일부 기독교인들은 교황에게 커피금지령을 내려줄 것을 요구하기도 하였다. 이에 로마교황 클레멘트 8세 Clement VIII는 금지령을 내리기 전에 커피 맛을 보아야겠다고 생각하였다. 그러나 커피를 마셔본 교황은 커피 맛에 반해 오히려, "이렇게 좋은 커피를 아랍의 이단자들이 독점하여 먹게 한다는 것은 정말로 안 될 일이다."고 하며 커피에 세례까지 내렸다. 이것으로 커피는 전 유럽으로 퍼지는 데 큰 힘을 발휘하게 되었다.

그리고 16세기 무렵, 유럽의 상황은 음주관습을 변화시킬 만한 새로운 음료가 필요하였다. 우리가 상상하는 것 이상으로 그들은 맥주와 포도주를 마셔댔다. 그리고 깨끗한 물을 접하기 어려웠던 곳에서는 특히 더했다. 맥주수프라는 것이 아침 식단에 꼭 들어있을 정도로 사람들은 맥주를 많이 마셨고, 의식을 잃을 때까지 술 겨루기를 하는 것은 일상적인 생활이었다. 우리가 생각하고 있는 우아하고 멋

있게 파티를 즐기는 낭만의 사회는 결코 아니었다. 그런 상황에서 바로 커피는 구원의 음료였다. 17세기가 되어서 유럽 사람들은 커피를 정신의 청결과 맑음을 높여주는 각성제 음료로만 여기지 않았고, 이미 만취한 사람들까지도 술에서 깨어나게 만들 수 있다고 믿었다. 그래서 커피가 이러한 능력이 없다고 밝혀진 오늘날에도 여전히 술에 취한 후 커피를 마시면 술이 깬다고 믿는 사람이 있는 것이다.

유럽의 식민열강들인 영국, 프랑스, 네덜란드는 17세기 말경까지 커피를 직접 아랍으로부터 수입하였으나, 커피의 광범위한 유행으로 수입문제 때문에 서로 다투게 되었다. 결국 네덜란드와 프랑스는 자신의 식민지에서 직접 커피를 경작하였다. 그러나 영국은 유럽의 다른 나라와는 달리 커피대신 식민지에서 많이 생산되는 차를 마시게 했다. 그리고 독일의 경우는 식민지를 가지고 있지 않아 수입에 의존해야 했다. 사실 18세기 독일에서의 커피문화는 사실 영국과 프랑스의 모방이었다. 당시 영국과 프랑스가 세계에서 막강한 지위를 가지고 있었기 때문에, 독일 부르주아 층은 커피를 통해서 혹은 다른 여러 측면에서 서유럽에 대한 동경심을 나타냈다. 시간이 흐름에 따라 커피의 수요가 급증하고 그로 인해 엄청난 돈이 해외로, 특히 네덜란드로 유출되자 독일정부는 커피에 대해 높은 관세를 부과하고 심지어 프리드리히 대왕Friedrich der Grosse은 1777년 커피금지령을 내렸다 (정작 자신은 커피를 마셨다고 함). 이를 어기는 사람을 찾기 위해 커피 볶는 냄새를 맡고 다니는 직업이 있었을 정도였다.

실용적 정신이 강한 독일에서는 유럽의 다른 나라에 비해 점심식사를 가장 중요히 여기는데, 이것 역시 커피와 무관하지 않다. 유럽 귀족들의 식생활은 저녁 늦게까지 먹고 마시며 놀기 때문에 아침이면 식욕을 잃었다. 그래서 이들은 아침에 커피를 마셨는데 이런 습관은 빠르게 퍼져나갔다. 처음에는 귀족에서부터 모방되어 일일 노동자와 농민들에게까지 간단한 커피식사를 하게 되었다. 그러나 19세기 이후 산업화와 도시화가 이루어지면서 장시간의 노동을 하는 일반인에게 아침을 커피식사로 하는 것은 무리였다. 자연히 점심에 따뜻한 식사를 하는 경향이 생겨났다. 지금도 세상 많은 사람들이 아침에 눈을 뜨면서 커피를 마시는 습관은 그 때의 관습에서 유래된 것으로 본다.

커피로 인해 세상은 차츰 신문이나 보험과 같은 새로운 문화가 생겨났다. 특히 17세기 후반, 영국 에드워드 로이드Edward Loyd가 런던에 연 커피하우스Edward Lloyd's Coffee House는 눈길을 끌게 된다. 로이드 커피하우스는 섬나라인 영국의 지리적 여건에 따라 선장이나 선주, 상인 그리고 보험회사 대리인들의 모임장소로 발전하였다. 사람들은 사업뿐만 아니라 정치와 문학 등 최신 정보를 얻기 위해 이곳으로 모였고, 로이드 자신은 그 정보들을 모아 로이드 뉴스라는 소식지도 발행하여 사업이 날로 번창하였다. 그러나 18세기가 되어 영국은 식민지에서 생산된 차의 적극적인 권장으로 커피가 시들해지면서 로이드는 커피하우스 문을 닫고, 보험회사를 차렸으며, 이것이 세계 최대 보험회사의 하나인 'Loyd of London'이 되었다.

유럽대륙, 특히 프랑스의 커피하우스는 주로 남자들이 고객이었지만 여자에게도 허용되었다. 그러나 당시 영국의 커피하우스는 여자들의 출입을 아예 금지하였으나, 직업과 신분의 귀천 없이 자릿세를 지불할 수 있는 사람이면 누구나 들어갈 수 있었다. 1674년의 커피하우스에 관한 규율과 질서를 살펴보면, "커피하우스에는 누구나 출입이 가능하고 …, 신분의 구분 없이 비어있는 대로 함께 앉고,

…" 등의 내용이 있다. 커피를 즐기고 모임을 가질 수 있는 근대의 카페 역시 지식인들과 예술인들이 모이는 장소로서 정치적, 문화적으로 중요한 역할을 했다는 점에서 커피하우스와 유사하다. 그래서 사람들은 커피하우스를 '페니 유니버시티Penny Universities'라고 불렀는데 이것은 1센트(=1페니)만 있으면 교실에 앉아서 배우는 것보다 더 많은 것을 배울 수 있는 대학이라는 의미였다. 사람들이 모여 정치를 논하고 정보를 공유하는 데에 못마땅해 하던 영국의 찰스 2세(1675)는 때마침, 남자들이 너무 많은 시간을 커피하우스에서 보내는 것에 화가 난 런던 여자들이 남자들의 커피음용을 금지해 달라는 청원서Women's Petition Against Coffee를 제출하자 커피하우스 폐쇄령을 내리지만 이미 싹튼 시민의식을 막을 수는 없었다. 유럽의 근대사상을 이야기할 때 이런 커피하우스를 이야기하지 않을 수 없다. 특히 파리의 카페에서 탄생한 새로운 사상이나 예술은 시민계급의 의식을 바꾸는 역할을 했고 프랑스 대혁명의 원동력을 키운 곳이기도 했다.

현재 세계에서 가장 커피를 많이 소비하는 나라인 미국의 커피역사는 콜럼버스가 신대륙을 발견한 이래 유럽인들이 신대륙으로 몰려가면서 시작되었다. 그러고 보면 콜럼버스는 땅만 발견한 것이 아니고 세계 음식역사에 거대한 영향을 미쳤다. 17세기 말, 보스턴과 뉴욕에도 커피하우스가 등장했다. 유럽에서와 마찬가지로 미국의 커피하우스 역시 사교, 정치, 금융, 상업의 중심지였다. 하지만 역사적 상황에 따라 미국의 커피하우스는 미국의 식민지 독립을 위한 모임의 장소로, '혁명본부' 역할을 했다.

우리나라에 커피가 처음 들어온 것은 예멘에서 커피가 발견된 지 1000년 이상의 세월이 흐른 1890년대 전후로 추정된다. 일본과 비교하면 거의 200년 정도가 늦게 들어왔다. 우리나라에서 커피를 처음 마신 사람은 고종으로 알려져 있다. 을미사변으로 러시아 공사관으로 피신했던 아관파천 때 처음 커피를 마셨다고 한다. 그 후 고종은 환궁 후에 덕수궁에 '정관헌'이라는 서양식 집을 짓고 그곳에서 커피를 마시곤 하였다. 그러나 커피를 좋아했던 고종은 그로 인해 독살당할 뻔했다한다. 1889년 러시아 역관으로 세도를 부리던 김홍륙이 친러파의 몰락으로 관직에서 쫓겨나고 또 러시아와의 통상에 거액을 착복한 사건이 들통 나서 흑산도 유배가 결정되자 앙심을 품었던 것이다. 김홍륙은 덕수궁에서 일하던 하수인을 매수, 고종의 생일에 커피에 독약을 타려다 발각되었다고 한다.

우리나라에서 본격적인 서양식 요리를 한 곳은 1902년 10월 독일인 손탁Sontag이 정동(지금의 이화여고 정문 앞)에 세운 '손탁호텔'이다. 손탁은 러시아의 배려(?)로 고종의 커피 시중을 들도록 보내진 여인으로, 고종은 당시 손탁이 살고 있던 정동 러시아 공사관 입구 근처에 호텔을 지어 손탁에게 주었다. 손탁에 대한 고종황제의 신임표시이기도 하려니와 외국인들에게 호의를 베풀어 침략국인 일본에 대한 적대심을 표한 것이었다. 회색 벽돌 2층 양옥으로, 커피숍을 겸한 식당이 있었다. 바로 이 커피숍(다방)이 우리나라에서 커피를 처음 판 곳으로 알려져 있다. 구한말 외국인들의 사교장이었던 손탁호텔은, 아이러니컬하게도, 이토 히로부미가 진치고 앉아서 일본군부와 한국 조정의 친일파를 조종했던 곳이다. 을사조약을 성사시키고 그의 참모들과 한국 친일파가 기념사진을 찍은 현장도 바로 이 호텔 앞이었다. 고종의 커피기호가 애꿎게도 친일파의 근거지를 만들어준 셈이 되었으니 고종의 마음이 얼마나 아팠을까!

미국독립전쟁, 아편전쟁 그리고 차茶

▼

　오랜 세월동안 차가 일본과 중국에서 발전을 거듭하고 있을 즈음에(1600년대), 당시 세계의 넓은 바다를 주름잡던 네덜란드의 상인이 일본과 교역을 하던 중 네덜란드 수도 암스테르담으로 차를 수입해 간 것이 유럽에서의 차 문화 시초가 되었다. 그러나 유럽으로의 본격적인 전파는 포르투갈 사람들에 의해서 이루어졌다. 포르투갈 수도인 리스본에 도착한 차는 프랑스를 거쳐 영국 등의 유럽으로 진출하였다. 특히 차가 영국에 진출한 것은 다른 나라들이 무역에 의해 차를 도입한 것과는 달리 포르투갈의 캐서린Catherine of Braganza 공주가 네덜란드에서 자란 영국 왕 찰스 2세에게 시집을 가면서 차를 결혼 지참물로 가지고 간 것이 계기가 되었다. 상류사회의 최고라고 할 수 있는 공주의 예단식품. 당연히 영국 상류사회는 관심을 가질 수밖에 없었다. 게다가 당시 유럽에서는 동양문물에 대하여 열광하고 있었기에 차는 순식간에 유럽인들 삶의 일부가 되어버렸다. 그리고 당시 네덜란드와 막상막하로 국제질서에 막대한 영향력을 행사하던 영국에 의해 차는 세계로 뻗어나갈 수 있었다.

　처음 영국으로 차 문화가 들어올 당시 사회는 커피의 인기가 대단하였고, 그 인기에 걸맞게 런던에만 약 2,000여 개의 커피하우스가 성행 중이었다. 그리고 차는 중국에서 수입되어야 했기에 높은 관세로 가격이 매우 비쌌다. 그러기에 일부 귀족층만 향유할 수 있었기 때문에 특권의 상징이 되었다. 당시 궁정이나 사교장에서는 아침부터 저녁까지 에일맥주나 포도주를 마시고, 서민들은 서민들대로 값싼 맥주와 진 등을 마시고 있었다. 커피나 차가 전래되기 전까지 유럽의 사회는 술이 사회와 경제에 미치는 영향은 컸다. 때마침 상류층들은 여왕이나 왕처럼 차를 마시며 특권의식을 느끼고 싶어 했고, 영국의 공장주들은 노동자들이 술을 마시고 곤드레만드레 되는 것보다는 커피나 차를 마시고 열심히 일하기를 바랐는지도 모른다. 그리하여 알코올 음료 대신 커피나 차를 마시도록 유도하였을 것이다. 결국 커피에 의존하던 영국은 이런 저런 이유로 세계 굴지의 차 소비국가가 되었다.

차 맛을 알게 된 네덜란드 역시 본격적으로 중국으로부터 많은 양의 차를 수입하였다. 먼 동양의 중국으로부터 어떻게 하면 신속하게 차를 유럽으로 운반할 수 있을지를 놓고 영국과 네덜란드 이 두 나라는 치열한 경쟁을 했다. 이것은 단순히 운반속도에 대한 경쟁 일 뿐 아니라 차의 품질에도 영향을 주었고 중국으로부터의 수입이 아닌 직접 재배에도 눈을 돌리게 만들었다. 처음 유럽인들은, 차는 중국 외에서는 절대 재배할 수 없다고 생각하였다. 이것은 중국이 자국에게 유리한 차의 수출산업을 타국에 빼앗기지 않기 위해서 엄중하게 통제해왔기 때문이다. 차의 종자나 묘목의 수출을 엄하게 금함은 물론이고, 재배기술을 철저히 비밀에 붙였다. 이는 마치 커피의 역사와 흡사하다. 그러나 1826년, 네덜란드의 야곱센J. I. L. L. Jacobsen이 중국에 잠입하여 생명의 위험을 무릅쓰고 차의 종자, 기술자, 재배인, 도구 등을 광동에서 배로 실어내어 인도네시아, 자바에서 차밭을 만드는 데에 성공하였다.

이 무렵 영국은 다른 여러 가지 무역에서 얻는 이윤에 만족하고 차의 재배에는 무관심하였다. 그러나 식민지인 인도의 아삼지방에서 차를 발견한 후, 주로 상류층이 즐기던 차 문화는 차의 가격이 내려가면서 서민층에게까지 깊이 파고들었다. 다른 유럽나라와 마찬가지로 커피를 즐겨 마시던 영국도 커피를 수입하는 데 많은 열정을 쏟던 찰나에, 더 이상 커피를 수입에 의존하지 않으려는 정책과 식민지 아삼에서의 차 발견으로 차가 커피를 대체하게 되었다. 그렇게 뿌리를 내린 영국인들의 차에 대한 사랑은 지금도 오후 4시가 되면 하던 일을 멈추고 티타임Tea Time을 갖는 관습으로 남아있다. 지금은 몸이 원하는 대로 커피가 되었든 차가 되었든 상관없지만 언어에는 아직도 차에 대한 기억이 남아있다.

영국 차 문화의 역사는 중국이나 일본에 비하면 비교적 짧지만 훌륭한 차 문화를 가지고 있다. 처음에는 우리 동양에서처럼 영국에서도 녹차를 마셨다. 영국 동인도회사◻가 중국으로부터 차를 처음 수입했을 때, 이 차는 홍차가 아니라 녹차였다. 녹차가 오랜 운송과정 동안 발효하여 홍차가 되었음은 널리 알려져 있는 사실이다. 그러나 영국의 수질이나 육식을 주로 하는 그들의 식생활에는 발효차인 홍차가 더욱 적합했던지 홍차의 선호도가 높아졌다. 그리하여 오늘날 영국이 홍차의 나라가 되었다.

> **동인도회사** 17세기에서 19세기에 걸쳐 인도, 동남아시아, 중국, 일본 등과도 원거리 무역을 독점하기 위하여 조직된 유럽 여러 나라의 특허 상인들의 합자회사 또는 주식회사.

프랑스는 영국이나 다른 유럽국가와는 달리 차에 대한 사랑이 깊지 않다. 프랑스에서 차는 포도주와 초콜릿, 커피 등에 눌려 기호음료로서의 주요한 위치를 차지하지 못하고 있다. 아마도 프랑스가 커피의 원산지인 아프리카에 식민지를 많이 두고 있었던 역사적 배경이 영향을 주었겠지만 차에 대한 영국의 독점판매가 밉살스러워 피했는지도 모른다. 그러나 프랑스 지도자격인 나폴레옹은 홍차를 좋아하여 그의 군대에 '홍차병'이라는 병사가 있을 정도였다고 하는데,

이걸 단순한 개인의 취향이라고만 보아야 할지, 가진 자의 특권표시라고 해야 할지?

유럽인들이 신대륙으로의 이주가 시작된 후, 차 맛에 이미 길들여져 있던 네덜란드 이주민이 많이 살고 있던 뉴욕(네덜란드인이 많이 살아서 당시 뉴욕의 이름은 New Amsterdam이었음)은 차 무역의 중심지가 되었다. 차는 미국문화에서 아주 중요한 역할을 하게 된다. 그 당시 영국의 동인도 회사가 경제적으로 많이 힘들어지자 영국은 남는 차를 미국 땅에 팔았음에도 불구하고, 1773년 4월 미국을 식민지로 삼고 있던 영국 의회가 미국으로 들어가는 차에 엄청난 세금을 부과하자, 이에 반발한 시민들이 인디안 복장을 하고 배에 올라 차가 들어 있던 상자를 보스턴 앞 바다에 던져버렸다. 이게 바로 그 유명한 '보스턴 차사건Boston Tea Party'이다. 영국인들에게는 분통터질 일이었겠지만 식민지인들에게는 얼마나 통쾌했으면 파티라는 이름을 붙였을까? 미국인들(식민지인들)은 이 사건으로 인해 영국과 식민지 미국사이의 관계가 악화되어 서로의 충돌은 피할 수 없게 되었고, 결국 미국독립전쟁이 일어나게 된 것이다. 이것은 단순히 차를 싸게 마시겠다는 미국 시민들의 저항이 아니라 그동안 쌓여왔던 영국에 대한 불만이 이 때 터졌던 것이다.

이와 마찬가지로 중국의 아편전쟁 역시 차와 연관된 사건이다. 앞서 언급한대로 영국은 많은 양의 차를 중국(청나라)에서 수입하였다. 차를 구입하기 위하여 영국에서 많은 양의 돈을 가지고 지구의 반 정도를 돌아 중국까지 오는 것은 안전문제도 있지만 경제적 손실도 만만치 않았다. 다시 말해, 영국은 중국에 막대한 돈을 찻값으로 주어야 하는 것이 못마땅했던 것이다. 영국(엄밀히 말하면 동인도 회사)은

꾀를 내었다. 중국과 가까운 인도에서 비교적 값이 싼 아편을 재배하여 그것을 중국과의 차거래 수단으로 사용하기로 하였다. 아편은 중독성이 있어서 계속 거래수단으로 쓰기에도 적합하다고 생각한 것이다. 이 마약으로 건강과 도덕면에서 피폐해진 국민들을 보호하기 위해 중국 청나라 정부는 아편에 대한 강경책으로 아편금지령을 내렸고, 이에 임칙서는 영국인들이 가지고 들어오는 아편을 모조리 광쩌우 앞바다에 버렸다. 이 사건으로 영국과 중국은 싸움(아편전쟁)이 벌어졌고, 무기에 있어서 우세한 영국은 내친김에 청나라 경제의 심장이라고 할 수 있는 남경까지 쳐들어갔다. 어쩔 수 없이 중국은 영국과 불평등조약을 맺었는데, 이것이 바로 남경조약(난징조약)이다. 이 조약 때문에 중국이 홍콩을 영국에 넘겨주어 홍콩은 영국직할 식민지가 되었다(1997년 홍콩은 중국으로 반환되었음). 그리고 보면 세계사적인 굵직굵직한 사건들이 차와 관련되어 있음에 새삼 놀라지 않을 수 없다.

꿩 대신 닭이라고 보스턴 차사건 이후, 영국의 차 독점판매와 비싼 세금을 기피한 미국인은 차 대신 커피를 마셨다. 그 때문에 홍차는 영국, 커피는 미국이라는 인식이 정착되었다. 그렇지만 실용주의가 발달한 미국인들은 차의 상업성을 재빨리 인식하고 고속범선Tea Clipper을 이용하여 차 무역에 일대 혁명을 일으켰다. 미국은 영국의 함선보다 더 빠르고 멀리 갈 수 있는 이 고속범선을 만들어 중국과의 차 무역에 끼어 든 것이다. 고속범선과 더불어 아편이 아닌 금을 지불수단으로 사용한 미국은 영국의 차 독점거래를 무너뜨리기에 충분하였다. 그리고 20세기에 들어서자 차가 비교적 늦게 보급된 미국에서는 아이스 티Iced Tea와 티백Tea Bag을 개발하여 차 문화의 새로운 혁신을 일으켰다.

빵과 프랑스혁명, "새의 노래보다 빵이 낫다."

◤

　식품과 정치의 관계로 가장 유명한 것 중 하나는 앞에서 언급했듯이 로마의 '빵과 서커스 정치' 그리고 미국의 '차와 독립전쟁' 외에도 '빵과 프랑스 혁명'이라고 볼 수 있다. 빵이 혁명의 발단이 되어 중요한 역할을 했기 때문이다. 프랑스하면 "빵"을 연상할 만큼 프랑스 요리와 문화에서 빵은 상징적일뿐 아니라 그들의 주식이니 실제로 큰 의미를 가지고 있다. 정말이지 프랑스 사람들은 유난히 빵에 집착하는 듯하다. 옛날 프랑스 사람들은 빵을 굽는 제빵사의 오븐을 국가 전체의 자궁으로 믿고, 효모를 일종의 정액으로, 빵(바게트)은 남근으로 믿었다는 이야기가 있을 정도이니 말이다. 빵을 굽는 일은 신성한 일이었다. 그래서 빵을 굽는 직업을 독실한 가톨릭신자에게 제한하였다. 마을 성직자들은 그 지역의 제빵사의 죄가 빵을 먹는 일반 사람들에게 전해지지 않도록 매주 제빵사의 고해를 듣기 위해 하루를 제쳐놓았다. 이렇듯 빵에 많은 의미를 부여하고 삶의 중심을 차지하고 있던 프랑스에 일이 터졌다. 분명 이유가 있다. 그 역사를 살펴보면 이렇다.

　16세기 중엽부터 유럽에서는 인구증가, 그로 인한 동물가축을 위한 목초지의 감소, 노동자들의 임금감소 등으로 육류소비도 감소한다. 1560년대 프랑스 귀족이던 구베르빌Gilles de Gouberville은 "우리 아버지 시대에는 매일같이 고기를 먹었고 음식이 풍성한데다가 포도주를 물처럼 마셨다. 그런데 오늘날에는 모든 것이 바뀌었다."라고 일기에 적었다.[1] 프랑스 사회가 예전보다 매우 궁핍해지고 있음을 알 수 있다. 육류 대신에 그럼 무엇을 먹었을까? 당연히 빵이 배를 채워주어야 했다. 그러니 사람들의 주된 관심은 언제나 빵이었다. 프랑스의 빵 하면 바게트(지팡이라는 뜻)다. 역사가 피에로 캄포레시Piero Camporesi는 그의 저서 『꿈의 빵The Bread of Dreams』에서 "빵의 역사는 오랜 계층싸움 중에서 일어나는 식생활적 표현이다."라고 써놓고 있다. '빵의 위계'가 사회적 위계다. 즉 부자들은 흰빵, 가난한 자들은 갈색빵을 먹어야 했다. 지금이야 호밀빵과 같은 갈색빵이 건강에 좋다고 하지만 당시 유럽 사람들, 특히 프랑스 사람들에게 빵이란 당연히 밀로 만들어 흰색의 포근하고 부드러운 맛이어야 했다. 그런데 농민들이 먹는 빵에는 하급 곡물들이 사용되어 딱딱했다. 프랑스 혁명이 일어나기 전, 빵은 국가가 제공하는 공공서비스와 같은 것이었다. 그러니 갈색빵을 배급받은 사람들은 반발했을 것이다. 누군 흰빵 먹고, 누군 갈색빵을 먹느냐의 문제는 프랑스 사람들에게 과민한 정치적 문제의 하나였다. 그런데 대부분의 프랑스 시민들은 거칠고 딱딱한 갈색빵(호밀빵과 보리빵)을 먹고 살았다. 권력을 가지고 있던 사람들은 이것을 당연하게 생각하였고, 귀족들은 밀로 만든 부드럽고 맛있는 빵만을 먹었다. 그리고 파리 사람들은 특별대접을 받았다. 이것은 프랑스 대다수 시민에게는 대단한 모순으로 보였다. 나폴레옹도 분명 이에 속했을 것이다. 그런데 어느 날 한 빵가게 주인이 어린 소년에게 호밀빵을 흰빵값으로 속여 판 사건이 생겼다. 호밀빵 먹는 것도 화가 날 일인데 그마저 값을 속인 데에 대해 분개한 동네 아낙들은 빵집 주인을 붙들어 연못에 빠뜨렸고, 이 일은 점차 규모가 커져 이웃마을로 전해지고 결국 폭동으로 변하고 말았다. 겉으로 보기에 단순한 빵사건으로 보이던 이 사태는 파리를 향해 번져갔다. 파리에 도착한 폭도들은 당시 재정부 장관 사무실 앞에서 외쳤다. "우리에게 빵을 달라." 이것은 우리도 익히 들어온 말이다. 그러나 더욱 정확한 그들의 속마음은 아마도 다음과 같은 것이 옳을 것 같다: "우리에게 바삭하고 노릇노릇한 색의 껍질에, 속은 부드러운 맛있는 빵을 합당한 가격에 달라." 즉 그들은 차별이 없는 빵을 원한 것이다. 그러나 절대군주의 상징이자 당시 왕이던 루이 16세의 부인, 마리 앙트와네트Marie Antoinette 왕비는 철없이(?) 그들이 자신들의 빵에 그렇게 불만족하다면 그들에게 케이크를 먹으라고 제안하였다 한다. 이것은 혁명을 주도한 승자의 입장에서 나온 말로 보인다. 아무리 철이 없는 왕비라 하더라도 그렇게 사태 파악을 못하지는 않았을 거로 본다. 왕과 왕비를 단두대의 이슬로 사라지게 만든 프랑스 시민혁명의 발단을 여러 방향에서 바라볼 수 있지만 위와 같은 이야기는 빵의 역사를 통해본 프랑스 시민혁명의 발단이다. 그 후 프랑스에서는 빵 값이 사상최고에 달하고, 파리 사람들은 빵을 구하러 여기저기 헤매고 다녀야 했다. 바로 이런 이유로 빵은 프랑스 사람들에게 신경쇠약을 일으키는 주범이 되었다. 결국 1789년 프랑스혁명 이후, 프랑스 사람들은 권력이 있건 없건, 부자건 가난하건 누구나 똑같은 품질의 빵을 사먹을 수 있는 권리를 실현했다.

프랑스 작가인 빅토르 위고가 그의 소설 『레미제라블』에서 빵 한 조각을 훔친 장발장을 등장시킨 것도 어찌 보면 이와 전혀 무관하다고 볼 수 없을 것 같다. 프랑스 시민혁명이 있은 후, 의회는 평등의 빵을 만들기로 하였다. 밀3과 호밀1의 비율로 빵을 만들기로 한 것이다. 지금도 바게트는 무게와 가격을 정부에서 엄격하게 관리하고 있다. 이렇듯 프랑스인들에게 있어서 '빵'은 역사의 굵은 획이 되기도 하고, 세계적인 문호의 명작의 소재가 될 만큼 단지 먹는 것 이상의 의미를 지니고 있다.

콜라와 미국정치

> 내 나라의 국민들이 수백만 가지의 각기 다른 축복을 지키는 것과
> 마찬가지로 나는 콜라 마시는 습관을 지키기 위해 싸운다.
>
> -2차 세계대전에 참전한 어느 미군 병사의 편지에서

탄산음료의 조상은 아마도 '의학의 아버지' 히포크라테스일 듯싶
다. 그는 땅에서 뽀글뽀글 거품을 내며 올라오는 물인 미네랄워터가
몸에 좋다는 것을 알았다. 그리스인이나 로마인들은 그것을 목욕 혹
은 휴양을 목적으로 사용했으며, 전설과 신화에 나오듯 땅속의 신비
한 물은 관절염을 치료해준다고 믿었다. 그러나 당시까지만 해도 그
것을 마실 수 있다는 것은 상상도 못했다.

의사나 과학자들은 거품이 나오는 이 신비의 물에 관심을 기울
일 수밖에 없었고, 결국 그 거품이 이산화탄소라는 것을 알게 되었
다. 그 후 실험실에서 인공적으로 만든 탄산수(1830년대)는 천연 미네
랄워터와 마찬가지로 둘 다 건강과 휴식에 효과가 있다고 믿었다. 그
래서 미네랄워터는 음료라기보다는 약품 쪽에 가까웠다. 초창기에
는 많은 사람들이 탄산수를 마시기 위해 직접 약국으로 몰려가는 것
이 일상적인 모습이었다. 하지만 사람들은 점차 그 물을 집에서 편안
히 마시고 싶어 했다. 그런데 문제는 그 탄산수를 어떻게 소비자의
손에 넣어주느냐 하는 것이었다. 드디어 병뚜껑이 발명되면서 포장

과 운반이 가능해지자, 탄산수로 돈을 벌겠다고 나선 약사들도 있었다. 1800년대 후반에는 탄산수의 춘추전국시대로 자신만의 탄산수로 대박을 꿈꾸던 사람들이 많았고, 실제로 미국 국민들의 반응은 뜨거웠다.

탄산수의 발전은 콜라에서 정점을 찍었다. 콜라하면 단연 코카콜라가 선구자다. 콜라는 1886년 미국 조지아 주 애틀랜타의 한 약사에 의해 시럽으로 만들어져 신경안정제 즉 두통약으로 약국에서 판매되었다. 어느 여름 날 한 환자가 약국으로 들어와 머리가 아프다며 그 시럽을 사러왔다. 약국의 경리사원은 효과가 빨리 일어나도록 배려 차원에서 콜라시럽을 탄산수와 섞어 주었다. 역사적인 운명은 이때 일어났다. 일단 그 맛이 끝내주었다. 이것이 코카콜라의 시작이다. 코카콜라와 경쟁관계인 펩시콜라는 그 후 몇 년 뒤 등장했다.

2차 세계대전의 발발로 미국은 설탕, 철 등의 물자부족으로 큰 타격을 받았으나 군인들은 여전히 탄산음료(콜라)를 마실 수 있었다. 무엇보다도 탄산음료는 군인들의 사기를 높이는데 절대적인 품목 중 하나였다. 오죽하면 앞의 병사와 같은 편지가 나왔을까? 탄산음료를 보낼 수 없을 때에는 기계와 재료를 보내 직접 현지에서 만들어 마실 수 있도록 했을 정도였다. 미국의 정부는 탄산음료 외에도 젊은이들이 좋아하는 초콜릿, 껌, 버터 등 필요한 먹을거리 공급을 아끼지 않았다.

현대시대에 콜라가 미국을 대표하는 세계적 음료라는 것은 분명하지만, 미국 정치와 관계가 있다는 사실을 아는 사람은 그리 많지 않을 것이다. 민주당이 집권하면 코카콜라의 판매가 우위를 차지하고, 공화당이 집권하게 되면 펩시 판매가 두드러진다고 했다. 우리나라의 김영삼 대통령이 칼국수 좋아한다고 방송되면서 칼국수집이 대거 등장한 것도 이와 상통하는 이야기다. 트루만 대통령 이후 모든 미국 대통령들이 코카콜라를 손에 들고서 사진을 찍었다. 일종의 간접광고다. 왜 대통령이 그랬을까? 이것은 앞에서 언급한대로 세계 2차대전 당시 군대에 콜라를 공급하는데 도움을 주기 위한 미국 민주당의 발상이었다. 민주당과 코카콜라가 손을 잡은(?) 것은 프랭클린 루즈벨트 대통령이 당시 체신장관인 제임스 팔리James Farley(코카콜라 회사의 이사직을 지냈음)에게 전쟁 중에 있는 군인들에게 콜라를 대줄 것을 요청하면서 시작되었다. 당시 콜라는 젊은이들 사이에 대단한 인기 음료였고, 국가를 위해 전장에 나간 젊은이들의 사기를 높이기 위해 최대의 서비스를 제공하겠다는 정부의 노력 중 하나가 콜라였다. 코카콜라 회사 역시 애국마케팅으로 이를 이용했고 2차 세계대전 동안 유럽, 아프리카, 태평양 전선 등 세계 각지에 64개의 해외공장을 운영했고 그 중 59개 공장은 미국 정부 조달 전용이었으니 엄청난 수익을 얻었다.

상업적 콜라의 시초라 할 수 있는 코카콜라와 그 뒤를 이어 등장한 펩시콜라는 서로 라이벌 관계였다. 언젠가 모스크바에서 열리는 한 박람회에서 펩시가 공식 청량 음료수의 위치를 차지했다. 이 때 소련 수상 후르시초프가 펩시를 마시자, 미국의 부통령이었던 닉슨은 펩시를 마시지 않고 다른 음료수를 마셨다. 이것은 펩시콜라와 코카콜라의 또 다른 냉전을 보여준 것이었다. TV 프로그램 〈내 친구의 집은 어디인가〉에서 공산주의 국가 불가리아 출신의 한 출연자는 어렸을 적에 코카콜라는 미국에서 독을 모아 만들어 놓은 것이라고 믿었다고 한다. 정치인들이 반미운동에 코카콜라를 이용했던 것이다.

미국의 많은 대통령은 정치자금 혹은 기호를 이유로 콜라를 들고 있었고 그 제품은 국민들에게 영향을 주었다. 카터 대통령 역시 코카콜라를 애호했고, 부시 대통령에 와서 펩시였다. 클린턴 대통령은 코카콜라가 아닌 코카콜라 회사의 제품인 스프라이트Sprite를 마시며 사진을 찍었다. 한 백악관 관계자에 따르면, 클린턴 대통령은 사실 모든 다이어트 음료수를 좋아하였다고 한다. 그럼 지난 대통령 오바마는 어떨까? 코카콜라? 펩시콜라? 아니면 아예 제3의 음료? 당연히 정치 후원금을 많이 내주는 음료수겠지?

이것은 오바마와 멕케인의 대선에서 대놓고 나왔다. 오바마는 펩시콜라를, 오바마의 경쟁자인 멕케인은 코카콜라를 선호한다고 경쟁했다. 이것은 오바마의 대선 로고와 펩시콜라의 로고가 흡사했기 때문이다. 오바마의 대선 로고는 오바마의 이름 첫 글자인 'O'를 떠오르는 태양으로 형상화했고 희망과 미래의 이미지를 전달하기 위해 파란색을 배경으로 넣었다. 대선결과는 모두가 알 듯이 오바마. 그런데 타임즈의 한 기자에 따르면, 실제로 오바마 행정부는 펩시보다는 코카콜라를 좋아한 것 같다고 말했다. 그리고 오바마 대통령 본인은 평소 건강에 신경을 써 콜라보다는 생수를 선호한다고 한다.

미국의 지난 대선 때 당시 공화당 후보인 도널드 트럼프에게 코카콜라는 후원을 안 할 수도 할 수도 없는 처지였다. 사실 코카콜라는 자사 브랜드인 '어니스트 티'의 포장용기에 일명 '트럼프 어록 홍보마케팅'을 했는데 트럼프가 정치적 구설수에 연일 휘말리자 부담을 느낀 코카콜라 측은 자신들의 브랜드에서 정치적 연상을 배제하기 위해 도널드 트럼프의 어록을 전부 삭제했다. 그런데 아뿔사! 트럼프가 대통령에 당선되고 말았다. 이에 코카콜라 측은 어떤 반응이 나왔을까? 트럼프의 대통령 당선은 국민들에게 어떤 영향이 올지도 궁금하다. 현재 대통령 트럼프의 대선캠페인 구호 "Make America Great Again(미국을 다시 위대하게)"을 연상시키는 'American Idea'라는 이름의 호텔을 그의 두 아들이 계획 중인데, 그 호텔의 로비에 코카콜라자판기가 들어갈 것이라고 한다.

검은색의 음료를 대표하는 코카콜라 회사에서 갑자기 오렌지색의 음료를 개발했다. 여기에도 속사정이 있었다. 1939년 2차 세계대전이 발발하자 미국과 영국 등 연합국은 전쟁을 시작한 독일로 공급되는 모든 물자를 차단했다. 이 때 독일에 진출해 있던 코카콜라지사는 콜라 생산을 중단할 위기에 처하게 되자, 공장 문을 닫니 다른 음료를 개발하는 게 낫다고 생각했다. 이 때 이 음료에 붙일 이름을 공모하여 '판타지fantasie'라는 이름을 붙였다. 공상, 환상을 뜻하는 이 음료를 마시면 기분이 좋아진다고 표현한 이 이름을 줄여 '환타'라고 불렀다. 콜라를 구할 수 없는 독일 사람들에게 환타는 그나마 좋은 탄산음료였다. 당시 독일의 상황에서 환타에도 정치적 성향이 들어갈 수밖에 없었다. 처음에 환타 병에는 호랑이에게 물어뜯기는 유대인 모습이 그려져 있었다. 히틀러의 정치적 개입 때문이었다. 그래서 나치의 선전도구로 이용된 환타는 히틀러의 적극적인 후원으로 많은 돈을 벌었지만, 유대인들에게는 가슴 아픈 음료다.

미국 보건복지부 장관의 우유수염

▶

'이태리 장인이 한 땀, 한 땀 수놓은~'이라는 유행어를 낳으며 전국민의 인기를 얻었던 로맨스드라마 〈시크릿가든〉의 주인공들이 했던 거품키스는 시청자들의 마음을 설레게 만들었다. 여자주인공의 입가에 묻은 카푸치노 거품을 남자주인공이 입술로 덮어버리는 달달한 키스. 키스인 듯 키스 아닌, 키스 같은 키스.

그 후 많은 광고나 드라마에서 사랑하는 사람의 입가에 묻어있는 맥주수염이 등장했다. 모두 섹시함 혹은 애정의 표현으로 마음을 설레게 하는 목적으로 사용되고 있지만, 이런 거품수염의 원조 격인 우유수염의 시작은 그리 달콤하지도 매혹적이지도 않다.

우리가 필요로 하는 영양소와 함량을 가지고 있는 식품을 '완전식품'이라고 한다. 계란이나 우유는 원래 다른 동물의 알과 마찬가지로 다음 세대, 즉 한 생명을 키우는 식품으로, 영양소가 최선의 방법으로 비축된 좋은 식품이다. 그리스의 히포크라테스의 눈에도 그렇게 보였는지 우유를 완전식품이라고 칭하였다. 그렇다고 해서 우유나 계란이 식품으로서 완전한 것은 아니다. 이 세상에는 사실 완전식품이 존재하지 않는다. 식품 하나하나가 나름대로의 영양소를 공급해주고, 함유하고 있는 양이 서로 달라 서로를 보완해 주고 있기 때문이다.

19세기 말까지 우유는 그다지 대중적인 식품이 아니었다. 프랑스 역사학자 브루노 로리유Bruno Laurioux에 따르면, 주로 농사를 짓는 남유럽 민족들에게 유목생활을 하는 북유럽 민족들은 짐승의 젖과 고기를 먹으며 가죽을 몸에 걸치는 야만인으로 비춰졌다. 중세에 들어서도 우유와 유제품을 먹는 것은 미개한 민족들의 후진성을 상징했다. 19세기 도시 사람들이 마셨던 우유는 대부분 증류주 양조장의 폐수를 먹고 자란 병약한 소에서 짜낸 '상한 우유'였다. 신선한 우유를 마시기 어려웠고 특히 여름에는 더욱 그러했다. 그러나 19세기 말 운송수단과 냉장시설, 그리고 파스퇴르의 저온살균법 개발 등으로 신선한 우유가 도시로 배달이 가능해졌다. 그러면서 직장에 다니며 모유를 먹이는 도시 엄마들에게는 더없이 좋은 대안이었다. 영양학자들은 이런 엄마들을 위해 분유도 개발했다. 간편식이었다. 그러나 이것은 누구나 먹을 수 없었다. 주로 상류층 아기들이었다. 소아과 의사들은 아기들의 특성에 맞게 우유, 물, 설탕의 함량을 처방해주었다. 미국에서 아이들을 출산한 나는 늘 왜 아기분유가 영어로 포뮬라formula라고 하는지 궁금했다. 포뮬라는 수학식 혹은 공식을 뜻하는 단어인데 도대체 아기분유가 수학과 무슨 관계가 있을까? 그런데 바로 이거였다. 분유에 들어가는 성분의 함량이 의사가 처방해주는 비율로 조제했기 때문이다. 한마디로 조제분유다. 그런데 현미경이 발전하면서 우유 속에 들어있는 세균에 관한 발표가 줄을 이었다. 그리고 1세 미만의 영유아 사망의 주범이 우유라는 주장도 나왔다. 당연히 사람들 사이에는 우유에 대한 공포심이 생겼다. 사실 이것은 파스퇴르가 개발한 저온살균처리로 해결할 수 있었음에도 불구하고 우유에 대한 불안감이 증가하면서 우유소비량이 급감했다.

그런 우유가 건강에 좋은 식품이라는 이미지를 갖게 된 것은 그리 오래되지 않았다. 우유가 완전식품이라 불리게 되는 데 영국을 빼고 이야기할 수 없다. 유럽의 경우, 제1차 세계대전 중에 군인들에게 유제품을 제공하면서 우유와 관련된 모든 분야는 엄청난 수익을 올렸다. 전쟁이 끝난 뒤 주문이 감소하자 업체들은 민첩하게 아이들 대상으로 눈을 돌렸다. 1920년대 말부터 영국의 우유생산업체들 역시 우유를 알리기 위해 학교에 저렴한 가격으로 우유를 공급하기 시작했다. 1934년 결국 영국에서는 우유법Milk Act이 제정되어 저렴한 가격으로 우유를 마실 수 있는 학교우유급식 정책을 채택했다. 윈스턴 처칠Winston Churchill은 전쟁이라는 특수상황 하에서 "아기에게 우유를 주는 것보다 더 좋은 투자는 없다."고 라디오 방송을 하며 우유소비를 촉구했다.(1943년 3월 21일) 처칠이 순수한 마음에서 아기에게 우유를 먹이자고 했다 하더라도 그의 말은 정치가, 소아과의사들, 그리고 언론에 의해 반복 사용되었다. 1946년에는 영국 최초 여성교육부장관이었던 엘렌 윌킨슨Ellen Wilkinson은 아이들의 영양부족이 학업성취와 밀접한 관계가 있다는 취지하에 의회를 설득하여 무료우유급식법Free Milk Act을 통과시켰다. 사실 이것은 미래의 성인들을 위한 거대한 우유시장을 위해 일궈온 우유생산업체의 로비활동 결과였다. 정치인들은 어린이들의 영양을 보충해주겠다는 관심보다는 우유생산업체들에게 시장을 제공해주는 것에 관심이 더 컸다. 그 후 늘 논란이 많았던 영국의 많은 초중학생들에게 배급되던 우유급식을 중단시킨 것은 1971년 마거릿 대처였다. 덕분에 그녀가 받은 우유생산업체들로부터의 비난은 상상에 맡기기로 한다. 아이러니하게도 나는 그 무렵에 학교에서 무료우유급식을 받았던 것으로 기억한다.

영국의 학교우유급식은 근처 유럽 국가뿐 아니라 대서양을 건너 미국에까지도 영향을 주었다. 사실 1920년대 미국의 우유시장은 소수의 기업형 생산자들이 장악하고 있었고, 이들은 정부의 지원을 받아 우유를 '완전식품'으로 탈바꿈시키는 캠페인을 시작했다. 우유는 장수식품이며 남자를 성숙시키고 여성을 아름답게 하는 완전식품이라며 1919년 농무부와 전국낙농협회가 1주일간 '건강에 좋은 우유'라는 학교캠페인을 했다. 그 후 학생들을 대상으로 무료우유배급, 의사들의 권장, 농장으로의 교사초청 등 다양한 캠페인을 실시했다. 무엇보다 우유를 마시며 행복한 표정을 짓고 있는 아이사진이 옥외광고 및 잡지광고로 나왔다. 영양학자들은 우유권장량을 제시했다. 당시 미국 최고 영양학자 엘머 맥컬럼Elmer McCollum은 "동양인들은 젖을 떼고 나면 우유를 마시지 않는다. 서양인이 동양인에 비해 체력이나 활력이 우월한 이유가 여기에 있다."고 하였다. (맥컬럼은 우유에 관한 많은 논문을 쏟아냈다. 낙농업계로부터 연구비를 받았을 경우, 연구결과에 영향을 안주었다고 누가 보장하겠는가?) 이 말은 우유를 마시지 않는다는 이유로 우리 동양인을 열등하게 만들어버리고 말았다. 어찌되었든 미국의 중산층들은 매 식사 때마다 우유를 마시는 식습관이 생겼다. 결국 낙농업계의 로비로 우유는 유럽과 미국에서는 완전식품으로 탈바꿈하게 되고 학교에서의 우유급식을 통해 아이들의 영양상태가 긍정적인 결과를 가져다주었는지 알 수 없지만 낙농업계의 수익에는 분명 긍정적인 결과를 가져다주었다. 즉 이러한 행태가 세계적으로 확산되면서 전 세계의 낙농업자들의 안정된 수익을 우리는 완전식품으로 인식하게 되었다.

20세기 초부터 영양학자들은 유제품의 영양가를 알리기 위하여 유제품업계의 로비스트들과 일해 왔다. 냉장고 문을 열 때마다 우유를 마셔라, 불면증에는 따뜻한 우유가 효과가 있다, 모든 학교의 점심급식에 우유를 넣어라 등등. 2차 세계대전 이후, 미국은 저개발 국가들에게 우유(분유)를 구호식품으로 보내면서 영양실조에 걸린 아이들을 구원해주는 좋은 일을 하는 것처럼 굴었다. 사실 남아도는 우유를 처리하는 데 좋은 기회를 잡았을 뿐인데.

일부 과학자들은 유제품이 과연 특별히 건강에 좋은지에 대하여 의문을 제기하고 있고, 락토즈 과민성에 대한 우려 등 많은 과학적 논쟁이 있음에도 불구하고 우유가 이같이 전 세계적으로 신뢰를 얻고 있는 것은 낙농업자들의 노력 덕분이다.

　그런데 1990년대 초반, 미국에서 탄산음료 소비가 급증하면서 우유 소비량이 급격히 떨어지자 우유소비를 촉진하기 위해 다시 낙농업자협회는 엄청난 돈을 투자하여 유명인들을 모델로 한 '우유수염' 광고를 제작했다. 1995년부터 'Got milk?'라는 슬로건을 내세운 우유소비촉진캠페인을 벌였다. 이 캠페인은 안젤리나 졸리, 나오미 캠벨, 나타샤 킨스키, 제니퍼 애니스톤, 피트 샘프라스, 사바 티니, 권투선수 델라 호야, 영화감독 스파이크 리와 제임스 카메론, 데이비드 베컴, 비욘세에 이르기까지 많은 유명인을 등장시켜 우유 마시기 캠페인에 동참시키는 데 성공했다. 여기에는 스포츠나 연예계 스타뿐 아니라 정치인이 등장한 것은 충격이었다. "칼슘을 적게 섭취하면 당신의 건강이 위급해질 수 있습니다. (…) 하루 3컵의 우유를 마시세요."라는 문구로 뉴욕타임즈 1998년 2월 1일판에 보건복지부 장관 도나 샬라라Donna Shalala가 입가에 우유를 묻힌 모습이 광고에 나오자 사람들은 놀랐다. 이 전면광고는 10대들을 대상으로 칼슘의 필요성을 강조하고 있지만 이 광고는 성인들에게도 영향을 끼쳤다. 비록 샬라라 보건복지부 장관이 광고출연료를 받지 않았다 하더라도 그 광고는 정부가 우유산업의 주장을 공인하는 것으로 충분히 비쳐질 수 있었다. 우유수염 돌풍을 일으킨 이 캠페인은 20년 만에 막을 내리고 현재 'Milk Life'라는 새로운 광고 캠페인으로 바뀌었다.

　우유가 전 세계의 거의 모든 가정의 냉장고에 자리를 차지하고 학교급식에 중요한 아이템으로 들어간 것은 우유가 몸에 좋다는 미국의 영향을 받았기 때문이라고 감히 말할 수 있다. 즉 반복되는 캠페인과 미국 낙농업관련 이익단체의 로비, 그리고 그들로부터 연구

지원금을 받는 과학자들에 의해 노출되어 우유소비가 건강에 절대적이라는 생각이 깊이 자리 잡게 되었기 때문이다. 나 역시 영양을 가르쳐온 교육자로서 이에 씁쓸함을 느낀다.

이제는 우유의 절대적 강점으로 주장해온 칼슘이 식상해졌는지 지방에 초점을 맞추는 우유광고가 등장했다. 예전에는 100% 개념의 '완전'이라는 낱말을 강조하더니 이제는 2%면 충분하단다. 무엇이 충분한 걸까?

세상에 완전식품이 있다면 정말 재미없을 것이다. 이것도 먹어보고 저것도 먹어보아야 세상사는 맛이 있는 것이 아닐까? 식품마다 맛이 다르고 씹는 맛이 다른데 완전식품 하나만 먹고 산다면?

빌 클린턴 스캔들로 들통 난 설탕산업의 로비

식품회사들은 경쟁이 치열한 시장에서 자신들의 제품판매 촉진을 위한 환경을 만들어내고, 로비활동을 통해 모든 법률적 규제를 자신들에게 유리하게 만든다. 역으로 정치인들 역시 그들을 이용한다. 기업과 단체가 선거자금을 기부하면, 그 액수에 비례하여 영향력이 행사되는 증거 하나가 바로 르윈스키 사건으로 불거졌다.

미국정부는 200년 이상 설탕가격을 규제하여 왔는데, 처음에는 세입을 늘리기 위한 조치였지만 나중에는 국내 설탕회사들의 경제적 이익을 보호해주기 위한 규제가 되었다. 미국의 설탕정책은 극소수의 설탕생산업자들이 가만히 앉아서 큰 이익을 보기 때문에 바람직하지 않은 정책이지만, 이들 극소수의 농장주들은 공화당과 민주당 모두에게 많은 기부금을 냈다. 판훌Fanjul 가문은 플로리다 사탕수수 생산의 1/3을 차지하면서 정부보조금으로 적어도 매년 6천만 달러를 받는다. 그러면 양쪽 정당에 상당한 액수를 기부한다. 2000년에 알폰소 판훌은 빌 클린턴이 참석하는 만찬을 열어 민주당 플로리다 지부를 위하여 백만 달러이상을 모금하여 전달했다. 문제는 사탕수수 생산은 늘 노동자 근로조건과 환경문제로 골머리를 앓고 있다는 것이다. 판훌 가문 소유의 회사를 비롯한 사탕수수 농장들은 근로조건을 개선하고 환경문제를 해결하라는 압력에도 꿋꿋하게 맞서나갔다. 이것은 판훌 가문이 정부의 고위층들과 밀접한 관계가 있음을 의심하게 만들었다. 그런데 그런 밀접한 관계가 뜻밖의 사건을 통해 밝혀졌다.

1996년 2월 29일 월요일 오후, 빌 클린턴 당시 미국 대통령은 백악관 인턴 모니카 르윈스키와 밀회 도중 전화를 받았다. 이날은 미국 공휴일인 '대통령의 날'이었다. 클린턴은 휴일에 바람을 피우던 도중 한 통화의 전화를 받았다. 1998년 케네스 스타 특별검사가 클린턴의 르윈스키 스캔들을 조사한 결과인 '스타 보고서'에 나오는 내용에 따르면, 휴일에 미국 대통령에게 전화한 인물은 알폰소 판훌이었다. 그가 일요일에 대통령에게 전화를 걸었다는 것 자체가 그와 클린턴 대통령과의 관계가 깊다는 것을 알 수 있다. 전화를 한 이유는 고어 부통령이 플로리다의 사탕수수재배업자들에게 세금을 부과한다는 계획을 막 발표했기 때문이었다. 정부는 그 세금으로 사탕수수밭의 오폐수로 오염된 에버글레이즈를 복구시킬 계획이었다. 게다가 하원에서는 설탕보조금 삭감을 논의하고 있었다. 이에 판훌은 사탕수수에 대한 세금인상 계획에 반대한다는 의견을 클린턴에게 직접 전달했고, 이후에 결국 세금인상안은 없었던 일로 됐다. 르윈스키가 불륜

도중 목격한 이 사소해 보이는 전화사건은 미국 거대식품업체들이 어떻게 정부와 의회를 움직이는지를 잘 보여주었다. 자신의 이익을 위해 광고와 전문가 동원은 물론 정부와 의회를 대상으로 전 방위 로비를 벌여 제도, 법률, 행정조치를 좌우하고 있다는 것이다. 이런 관계에서 소비자들의 건강은 저만치 물러나있었다.

피자가 건강식?

식품구성탑(혹은 식품구성자전거)에서 피자는 채소식품군에 들어가야 하나? 아니면 빵이 있으니 곡물식품군에 들어가야 하나? 많은 부모들은 피자하면 채소식품군도, 곡물식품군도 생각하지 않고 그냥 패스트푸드라고 생각한다. 그런데 피자업계는 피자에 토마토소스가 들어가고 토마토는 채소이니, 피자는 채소식품군이라고 억지를 부렸다. 그런데 이것을 미국의회는 인정하고 말았다. 이렇게 되면 학교급식에 피자를 넣는 것은 건강식이 되는 꼴이다. 로비스트들의 대단한 활약 결과다. 이것은 앞에서 언급했듯이 이미 30여 년 전, 로날드 레이건 대통령 정부 때 토마토케첩이 채소식품군에 들어간다고 인정했던 사실에서 비롯된 것이다. 여러 언론에서 이에 대한 논란이 일었다. 로이터통신은 "당의 함량이 높은 케첩이 정부에 의해 채소로 규정되었다."고 발표했고, 〈뉴욕타임즈〉는 "제안서에 비록 케첩이 언급되지 않았지만, 학교급식관계자들에게 학생들의 급식계획에 보다 많은 융통성을 주도록 고안된 것이다." 이에 한 학교급식관계자는 다음과 같이 말했다. "아이들에게 케첩을 채소라 생각하도록 만들 생각만

해도 그것은 나에게 그리고 학교급식관계자들에게 모욕이다."

그런데 2011년에도 비슷한 논쟁이 일어났다. 의회는 채소요구량에 토마토소스 양을 늘리는 데에 대하여 USDA가 관여하지 못하게 하는 법안을 통과시켰다. 즉 그 법안은 학교급식에서 토마토소스를 얹은 피자를 채소로 간주하도록 허락했다. 그 움직임은 비웃음의 결과를 낳았지만 결국 콘아그라ConAgra와 같은 식품회사들의 로비활동의 승리로 끝났다.

이와 같은 식품회사들의 로비는 미국 식품영양 분야에서 종종 일어나는 일이다. 1990년대 초반 미국 농무부USDA는 오랜 작업 끝에 '식품가이드 피라미드'를 제시했다. 하루의 권장섭취량을 기준으로 빵이나 밥과 같은 탄수화물 식품을 맨 아래에 놓고 그 위에 야채류와 과일류, 그 위에 육류와 유제품, 맨 꼭대기에는 섭취 자제 품목으로 지방과 설탕식품을 배치한 그림이었다. 이것이 위에서 말한 우리나라의 '식품구성탑'의 기본이다. 일반 상식을 크게 벗어나지 않는 그림으로 보이지만 육류와 설탕업계는 곧바로 반발했다. 결국 미국 농무부는 이들의 요구를 받아들여 피라미드의 적절성 여부를 검증하는 데 오랜 시간과 용역비를 투입해야 했고, 새로이 식품가이드라인을 만들었다. 여기에서 육류섭취로 인한 성인병 예방으로 나온 "육류소비를 줄이자"는 다시 또 업계의 반발을 일으켰고 결국 그들은 "지방이 적은 고기를 선택한다"로 바꾸는 등 가이드라인 수정사항을 쟁취했다. 이것은 다시 '포화지방을 덜 섭취하자'로 대체되었다. 무슨 일이 있어도 '고기'를 적게 먹으라는 문구를 넣어서는 안 되었다. 소비자들이 포화지방에 대한 지식이 부족한 것을 이용한 표현이라 할 수 있다. 이것은 먹거리가 얼마나 정치적일 수 있는지를 보여주는 단적인 사례다. 매리언 네슬Marion Nestle의 『식품정치』에 따르면, 정부는 '고기는 적게 먹고, 설탕과 지방 섭취를 줄여야 한다'는 명쾌한 메시지 하나 제대로 전달 못해 국민 건강이 망가지도록 방치하는 현실이 미국에만 국한된 것이 아니라고 말한다. 우리 소비자들이 거대 산업의 홍보, 로비활동, 정치권 매수, 게다가 연구비로 발목 잡혀 제 목소리 못 내는 전문가와 본래 역할을 잊어버린 정부에게 어떻게 우롱당하고 있는지에 대해 말했다.

식품정책 결정에 대한 비난은 로비스트들과 공무원이 별개의 집단이 아니라는 인식에서 나온다. 오늘의 공무원이 내일의 로비스트가 되고, 오늘의 로비스트가 내일의 공무원이 되기도 하기 때문이다. 식품업계의 로비스트와 미 농무부 공무원들 간의 이런 회전문식 자리바꿈은 미국에서 돈 많은 식품업계의 승리를 이끌 수 있는 고질적 요인이 되고 있다. 우리나라도 모르는 사이에 그런 관행이 이루어지고 있는 것은 아닌지 지켜보아야 한다. 그리고 우리나라의 영양 혹은 식품관련 사항이 미국의 영향을 많이 받고 있는 현실에서 이 모든 것을 미국의 일로만 여겨서는 안 됨을 인지하고 있어야 한다. 한 예로, 미국 FDA인증이면 모든 것을 믿는 게 현실이니까.

현재 우리 대다수는 음식의 홍수 속에서 살고 있다. 하루 에너지 필요량을 넘는 양을 먹고 있다. 그러나 식품산업은 그 한정된 소비자들을 놓고 치열한 경쟁을 할 수 밖에 없다. 그러니 그들은 우리를 속여 더욱 많이 먹게 하기 위한 방법 중 하나가 정치와 손잡고 규제를 교묘히 빠져나가는 일일 것이다. 그러니 우리 역시 그들의 술수에 말려들지 않기 위해 정신 바짝 차리고 올바른 정치인을 뽑는 것도 한 방법이다.

영조의 트라우마, 간장게장
▸

　밥도둑이라며 많은 사람들의 사랑을 받는 게 간장게장이다. 개인적으로 시어머니께서 참게라 부르는 민물 게로 만든 간장게장이 제일 맛있어 그 솜씨를 전수받아두었다. 과거에는 일반적으로 민물 게인 참게를 이용하여 게장을 담갔다. 특히 임진강 유역의 파주에서 잡힌 참게는 맛이 독특하고 흙냄새가 적어 유명했으며 수세기동안 임금님께 진상품으로 바쳤다. 그러나 민물 게가 드물어짐에 따라, 섬진강 주변에나 가야 제대로 된 민물 게의 맛을 볼 수 있게 되었고 서해에 서식하는 꽃게를 이용한 게장이 보편화되었다.

　게장의 묘미는 껍질에 밥을 비벼 먹는 데 있다. 그런데 게장을 먹은 뒤 피해야 할 디저트가 있다. 감이다. 게와 감은 상극이라고 사람들은 말한다. 유태종 박사는 『음식궁합』에서 이에 대해 이렇게 적고 있다. "게는 식중독균의 번식이 잘 되는 고단백 식품인데다, 감은 타닌성분이 있어 소화불량을 수반하는 피해를 보는 사람이 많기 때문에 조심해야 한다." 사실 이 설명은 감과 게를 함께 먹지마라는 것을 설명하기에는 다소 부족하다. 게장은 민물생명체여서 기생충 감염의 위험이 있어 어차피 조심해야 하고, 감은 타닌성분으로 소화불량을 일으킬 수 있으니 따로 먹는다 해도 어차피 조심해야 할 음식이지 같이 먹어서 위험한 것은 아니다. 아마도 이런 말이 생긴 것은 과학적 증거보다는 조선 경종왕의 죽음과 더욱 관계가 있을 듯하다.

　게장 때문에 조선의 정치판도가 바뀐 사건이 있었다. 영조의 선왕이자 형님인 경종은 게장을 무척 좋아했다. 경종(장희빈의 아들)은 왕에 오른 지 4년째 승하했다. 죽기 전에 게장을 먹었다고 『조선왕조

실록』에 적혀있다. "어제 임금이 게장과 생감을 드셨는데 밤새도록 가슴과 배가 뒤틀리는 것처럼 아파했다. 게와 감을 함께 먹는 것은 의원이 꺼리는 일이다."

사실 16세기 명나라 이시진李時珍이 지은 약학 서적인 『본초강목本草綱目』에서는 "게를 감과 함께 먹으면 복통이 나고 설사를 한다."고 했다. 그러므로 이 시기의 조선 사람들은 게와 감은 상극이므로 둘을 함께 섭취하는 것은 금물이라는 것을 알고 있었다. 그러기에 경종이 단순히 게장을 먹어서인지 혹은 생감을 먹어서인지 체해 승하했지만 독살설이 나돌았다. 그 피의자는 당시 동궁이면서 이복동생인 영조였다. 숙종과 장희빈 사이에서 태어난 경종, 최숙빈의 아들인 영조. 그 둘은 태생적으로나 정치적 기반으로나 당파 싸움의 중심이 되었다. 그런 상황에서 동궁전에서 보낸 게장을 먹고 경종이 사망했다는 소문이 나돌 수밖에 없었다.

"경종이 시름시름 앓는 날이 많았고 항상 피곤해 하는 날이 잦았다. 이 때문에 연잉군(훗날의 영조)은 경종의 입맛을 돋우기 위해 게장을 올렸다. 경종이 그제야 입맛이 돋는지 수라를 조금씩 들게 되니, 후식으로 생감을 올렸다. 게장과 생감을 서로 궁합이 맞지 않는 음식으로 여겨 극구 반대했으나, 연잉군이 막무가내로 올렸고 게장과 생감을 올린 지 이틀이 지난 뒤부터 경종이 심한 복통을 호소하였다." 사실 경종은 10년 이상 병약한 상태가 계속되었던 것으로 보아 경종의 죽음과 게장은 오비이락 아니었을까 싶다.

영조가 왕이 된 지 31년이 지난 후, 모반사건에 연루되어 유배되었다가 처형된 신치운이 영조에게 "신은 갑진년(경종이 사망하고 영조가 즉위한 1724년)부터 게장을 먹지 않습니다."라며 경종 독살설을 비꼬

아서 대답했다. 『영조실록』 기록에 따르면, 그 때의 영조 심정을 읽을 수 있다. "역적 신치운의 게장에 관한 심문기록을 보면 가슴이 섬뜩하고 뼈가 시려서 차마 들을 수가 없다. 경종에게 진어한 게장은 동궁전에서 보낸 것이 아니고 수라간에서 올린 것이다." 이렇게 영조는 자신이 경종을 독살한 것이 아니라는 것을 해명하는 글을 남기기도 하였다.

어느 한의사의 말에 의하면, 경종이 게장과 생감을 먹기 한참 전에 장티푸스에 걸린 것으로 보았다. 회복기 즈음에 입맛이 좀 돌아왔다고 과식하지 않았을까? 밥도둑이라는 간장게장이 밥상에 있었으니! 이에 합병증을 일으켜 복막염으로 사망했을 것으로 보고 있다. 우리 같은 체력이 정상인 사람이었다면 아무리 상극인 음식을 먹었다고 해서 죽음으로까지는 이르지 않았을 것이니 영조로서는 억울한 면이 없을 수 없겠다. 어찌되었든 경종의 사망사건 때문에 더욱 사람들은 게장과 감을 상극으로 인식하게 되었을 것이다. 그래서인지 정조 때 실학자 이덕무는 게장을 먹을 때 각별히 조심해야 한다고 당부했다.

떡이 떡이 아닌 세상
▼

정치인과 사업체와 엮인 사건에는 반드시 '떡값'이라는 말이 등장한다. 이 떡값이라는 말에는 그리 큰돈이 아니라는 의미가 담겨있다. 실제로 명절이 되면 '떡값'을 주었던 때가 있다. 일명 명절보너스인 셈이다. 제3공화국(박정희 대통령) 시절에 공무원들에게 '효도비'라

는 명목으로 약간의 돈이 지급되었다. 사람들은 이 돈을 떡값이라고
불렀다. 왜냐하면 명절이 되면 어느 집이나 떡을 하였기 때문이다.
우리 민족에게 떡은 의미가 크다. 떡은 명절 외에도 집안의 대소사가
있으면 반드시 떡을 했기에 주위 사람들은 그런 대소사에 돈이 들어
가는 것을 서로 이해하여 조금씩 돈을 모아 떡값에 쓰라고 건네주었
다. 결국 떡값은 서로의 기쁨을 같이하며 서로의 상황을 이해하며 아
주 요긴하게 쓰이는 돈이었다.

　농경생활을 했던 우리 민족에게 떡은 일상생활에 활기를 주는 보
너스와 같은 음식으로 자주 해먹을 수 있는 쉬운 음식이 아니었다.
그래서 서로 나누어 먹는 마음이 기본으로 깔려있다. 그 중에 진짜
보너스떡은 중화절에 노비들에게 나누어 주는 '노비떡'이다. 한해 농
사를 시작하기 전에 주인들은 노비들에게 한해 농사를 잘 부탁하는
의미로, 그리고 활기차게 한 해를 시작하자는 의미로 커다란 송편을
만들어 그들에게 나누어주었다. 이것이야말로 진정한 보너스떡이다.
이런 떡을 만들 수 있도록 배려하는 돈이 떡값이다.

　신령에게 바치는 떡이고 재앙을 막고 나눔을 상징하던 그런 떡이
뇌물로 변한 세상. 이젠 떡이 떡이 아니다. 오늘날 떡이나 사과를 포
함한 많은 음식은 단순히 배를 채운다거나 기쁨을 나누기 위한 것이
아닌 세상이 되었다. 음식은 권력에 사용되는 매개체다. 또한 앞에서
언급한대로 권력 그 자체. 그래서 권력의 싸움을 밥그릇 싸움에 비
유하지 않는가?

6장
우롱당하는 소비자

좋은 치킨은 치킨 맛이 나야한다.
그리고 아무 것도 넣지 않고 그냥 먹어도 기분이
좋아져야 한다.

-줄리아 차일드 Julia Child

건강한 식생활이 건강한 몸을 만든다는 것은 의심할 여지가 없는 사실이다. 그러나 지나칠 정도로 풍족한 식품공급은 소비자들의 과소비 풍조와 맞물려 식품산업의 경쟁을 극대화시켰다. 식품회사들은 일정한 소비자들을 놓고 더 많은 구매를 유도해야 한다. 그렇기 때문에 소비자를 위한 영양과 건강효과에 신경을 쓰기보다는 마케팅에 더 열을 낸다. 광고나 홍보는 물론 정부 관료와 영양전문가 그리고 언론매체들을 대상으로 자사제품이 건강을 증진시킨다고 혹은 적어도 해롭지 않다고 끊임없이 설득한다.

예를 들어 20세기가 지나면서 미국의 경제발전은 국민들로 하여금 식생활 수준을 높여 미국인들 사이에 과식, 즉 과잉섭취가 문제화되었다. 이제는 '적게 먹자'라는 메시지를 전달해야 할 판이 되었다. 앞서 이야기했듯이 이 메시지는 자신들의 제품을 더 많이 먹으라고 해야 하는 식품업계의 입장과 직접적으로 갈등을 겪게 된다. 식품회사들은 '적게 먹자'는 메시지를 반대하고 무력화하기 위해 힘을 쏟았다.

그러자 정부기관들은 국민을 대상으로 한 식품권장사항을 완곡한 표현으로 하거나 식품보다는 일반 소비자들이 정확히 이해하지 못하는 영양소에 초점을 맞추고, 표현도 부정적 표현보다는 긍정적 표현으로 바꾸었다. 예를 들어 '소고기를 적게 먹자'는 '포화지방을 적게 섭취하자'라고, 혹은 '지방이 적은 고기를 선택해서 먹자'고 했다. '적게 먹자'보다는 '선택해서 먹자'고 하는 것은 결국 고기를 먹자는 표현이 된다.

경쟁이 치열한 시장에서 식품회사들은 자신들의 제품을 더 많이 먹도록 부추긴다. 그중 또 다른 방법이 포장단위를 크게 늘리는 것이다. 단위 용량당 가격이 상대적으로 싼 대용량 제품이나 '곱빼기' 제품으로 단위포장을 늘리고, 광고 공세로 '더 많이 먹기'를 조장한다. 단순한 수학만을 적용하여 소비자들이 약간의 돈을 더 지불하며 훨씬 더 많은 양을 구입한다는 착각에 빠져들게 만든다. 이외에 우리는 의식하지 못한 채 식품회사의 교묘한 술책에 빠지는 경향이 종종 있다.

순한 술이 좋은 술?

술이 건강을 해친다는 것은 너무나 잘 알려진 사실이다. 그러나 어느 문명세계나 어떤 형태로든 술을 개발했고, 구약성경에도 포도주에 대해 186번 언급되었다고 하니 인류에게 술은 어쩌면 떼려야 뗄 수 없는 창조물이 아닌가 싶다.

우리 민족은 농경민족이다. 춘하추동의 각 절기에 맞게 농사를 지으며 술을 빚어 마셨다. 지금은 거의 사라졌지만 절기에 따라 가족과 이웃 간의 온정을 나누며 화합하고자 하였다. 설날에는 주로 맑은 청주를 집에서 빚어 '세주歲酒'를, 정월 보름날 아침에는 오곡밥을 먹기 전에 '귀밝이술'을, 삼월 삼짇날에는 들녘으로 나가 봄놀이를 하며 봄맞이를 의미하는 '진달래술(봄맞이술)'을 마셨다. 3월의 청명일에는 '청명주'를 즐겼다. 이 술은 살구꽃이 필 때 담가야 제 맛이 난다.

농사일에 한창 바쁜 5월경에 마시는 술에는 '만두레'와 품앗이 중에 밭주인이 내는 '품앗이술'이 있다. 우리나라 3대 명절 중의 하나인 단오날에 '창포술'을 마시면 악귀와 병을 쫓아 건강이 찾아온다고 믿었다. 음력 7월 15일은 과일과 곡식이 많아 백 가지 곡식의 씨앗을 갖출 수 있다는 백중(백종)인데 농사가 끝나 쉴 수 있다하여 '머슴의 날'이라고도 한다. 이날 소먹이 놀이를 하면서 '입쌀 뜬 물'이라는 별칭의 막걸리를 즐겼다. 추석 한가위는 햇곡식으로 빚은 '신도주'(신곡주)를, 9월에는 국화가 만발하여 국화전에 '국화주'를 마셨다. 정말 노동의 연속인 삶 속에서 묻어나는 운치 있는 일이다.

문제는 이렇게 쌀을 이용해 발효시킨 술은 오래 보관할 수 없다는 거였다. 그래서 고안된 술이 소주다. 즉 소주는 발효원액을 증류하여 만든 증류주다. 여름에는 탁주를 빚을 수 없는 남부지방에서 많이 만들었다. 우리나라의 소주제조는 고려시대 때 원나라 몽골의 침입으로 전래하여 고려시대에서 조선시대 말기까지 순수한 재래식으로 만들다가 1920년 이후에는 일본에 의한 신기술의 도입으로 큰 변화를 가져왔다.

즉 소주가 증류식에서 희석식으로 변했다. 희석식 소주란 농도가 95%인 '주정'을 물로 희석하여 만드는 술이다. 주정의 원료는 전통적인 소주의 원료인 쌀이나 수수가 아니라 사탕수수나 사탕무에서 설탕을 뽑아내고 남은 즙액인 당밀 혹은 고구마다. 당밀이나 고구마, 감자를 화학적 방법을 이용하여 생산한 에틸알코올만을 증류하여 추출해낸 것이 주정이다.

일제강점기에 이루어진 주세법 시행으로 상업적인 술의 생산과 판매가 나타나면서 술의 질이 떨어졌다. 비싼 전통소주는 점차 사라지고 일본에서 수입된 주정에 전통소주를 섞어서 양을 늘리고 판매 가격을 내렸다. 덕택에 소주는 예전에 비해 더욱 대중화되었다. 그러나 이때까지만 해도 소주는 여전히 쌀을 주원료로 한 소주에 주정을 첨가한 것이었다. 지금과 같은 본격적인 희석식 소주가 등장한 것은 일제가 물러가고 한참 지난 후였다.

바로 1965년 양곡정책의 일환으로 곡물로 술을 만들 수 없게 된 시기였다. 먹을 곡식이 모자라는 판에 웬 술이냐는 것이었다. 그래서 쌀로 막걸리를 만들 수 없어 보리, 옥수수, 밀가루 등으로 술을 빚어 막걸리의 품질이 다소 떨어졌다. 이때를 이용해 희석식 소주가 제 시대를 맞게 되었다. 우리나라 술문화의 일대 변화가 일어난 때이다. 오늘날 삼겹살과 함께 마시는 소주는 전통소주와는 달리 바로 이 희석식 소주다. 그래서 우리가 마시는 소주병에는 단순히 술이라는 의미의 '酒'자가 아닌 '酎'(진한 술 주)라고 쓰여 있다. 물론 '酎'도 술을 의미한다. 다만 일반적인 맥주麥酒, 양주洋酒, 청주淸酒, 탁주濁酒처럼 '酒'자가 아니다. 희석식 소주에 '酎'자를 사용한 것은 아마도 농도가 아주 높은 주정을 사용했다는 의미로 사용했을 것이다.

우리는 희석식 소주의 도수가 낮아지고 있다는 점에 주목해야 한다. 낮아지면 순한 술 마셔 좋은 게 아니냐고 반문하는 사람들이 많을 것이다. 맞다. 그러나 문제는 원료를 조금 사용했으면 가격이 내려가야 하는 데 그렇지 않다. 우리나라에서 소주의 도수가 낮아지는 과정을 살펴보면, 소비자 입장에서 이게 뭐지? 하고 아까와는 다른 반문을 하게 될 것이다.

1973년 주정배정제도로 소주의 원료인 주정을 정부가 소주생산업체에게 할당해주었다. 소주회사들은 할당된 주정의 양으로 더 많은 소주를 만들어 돈을 벌어야 했다. 방법은 하나. 물을 타는 것이었다. 어차피 희석식인데 물 좀 더 탄다고 소주가 아닐까? 30도 정도를 유지했던 소주의 대세가 기울고 25도 소주가 등장하였다. 아마도 나이 좀 드신 분들은 "그래, 예전에는 그랬지. 요즘 술은 영 싱거워."하며 옛 생각이 날 것이다. 그래도 "소주는 25도지."하는 세대가 25도 소주를 25년 지켰다.

그런데 1996년 소주업계가 정부규제에서 풀어나 자유경쟁이 되면서 23도 소주가 등장하더니 급기야 17.5도의 소주까지 나왔다. 물을 넣으면 되었다. 처음에 사람들은 소주가 싱거워졌다고 느꼈겠지만 광고로 인해 순한 소주가 더 좋은 소주라는 인식이 파고들었다. 술 광고는 물 광고가 되었다. 물의 깨끗함을 강조한다든가, 심해수네, 암반수네, 어쩌네 등등 물이 초점이었다. 게다가 순해서 부드럽게 넘어간다는 등, 사람들을 세뇌하면서 각 소주회사들은 다투어 순한 소주를 생산해내고 있다. 순해서 마시기에 좋다며 마치 소비자들이 원하는 소주가 순한 소주라고 주장하며. 또한 순해서 여자들도 마시기 좋다며 여성 소비자들을 새로운 판매대상으로 삼았다. 이에 여성소비가 부쩍 늘었다.

이런 상술에 완전 먹힌 소비자들은 아예 그냥 소주는 독하니까 뭔가를 타먹어야 좋다는 인식까지 생겨나 소맥이 생겨나고 칵테일소주가 생겨났다. 심지어 담금용 30도나 25도 소주에는 '막소주'란 이름을 붙여 진한 술은 저급용인 듯한 인식까지 박아놓았다.

맥주도 마찬가지로 맥주회사의 이윤에 맞춰 순한 맛으로 변했다. 미국의 경우, 유명한 알 카포네가 밀주로 엄청난 재산을 모을 기회를 주었던 13년간(1920~1933년)의 금주령이 풀리자 미국인들은 맥주를 마음 놓고 마시게 되었다. 맥주금지가 풀린 얼마 후인 1935년에 캔맥주의 개발과 함께 라디오와 TV의 등장은 맥주소비를 부채질하였다. 이러한 성장의 결과, 양조업체들은 자신들의 브랜드를 표준화하고, 더 많은 사람들을 만족시킬 수 있도록 옅은 빛이 나면서 가볍고 탄산이 많은 맥주를 생산함으로써 여성고객을 사로잡아야 했다.

세계적으로 사람들이 가장 많이 마시는 것은 뭐니 뭐니 해도 물이다. 맥주회사들 역시 자신들의 상품을 많이 팔기 위해 맥주를 그냥 물처럼 마시도록 해야 했다. 그래서 그들은 맥주에 조금씩 물을 넣기 시작하였다. 하지만 결국 그들은 보다 많은 이윤을 남기기 위하여 물을 더욱 더 섞었다. 2차 세계대전 후 미국의 맥주는 모두 비슷비슷한 맛으로 단순화되어 독특하고 특징적인 각 지방 나름대로의 맥주가 사라졌다. 마케팅조사라는 명목 하에 많은 맥주회사들은 사람들의 미각을 조금씩 변화시켜왔다. 일반 맥주 이용자들에게 진한 맥주를 마시게 한 후 너무 진해서 좋지 않다는 느낌이 들도록 하여 다시금 연한 맥주가 낫다, 안전하다는 인식을 심어주었다. 이러한 전략은 아직 어린 젊은이들이 진한 맛의 독일맥주보다 마치 청량음료를 마시듯 쉽게 맥주를 받아들이는 데도 효과가 있었다. 그들은 결국 평생

고객이 되는 것이다. 사람들의 기호는 그리 쉽게 변하지 않으므로 그 연한 맛에 길들여진 그들은 평생 같은 맥주를 마시게 된다. 그래서 미국의 맥주는 점점 묽어져 지금의 맥주는 1970년대의 맥주보다 훨씬 묽다. 미국의 영향을 많이 받는 우리나라의 맥주도 독일 맥주보다 도수가 약하다.

게다가 음주운전과 건강문제를 이유로 일반 맥주에 비하여 칼로리가 적고 알코올 농도도 낮은 맥주light beer가 새로운 상품 전략으로 사람들의 마음을 사로잡고 있다. 어쩌면 맥주를 이렇게 부드럽고 맛이 진하지 않게 만든 원인은 우리 자신들이 그렇게 되기를 원했는지도 모르겠지만 이에 이윤을 얻은 것은 맥주제조사들이다. 특히 우리에게 익숙한 라거맥주는 맛이 약하여(부드럽다고 표현했음) 독특하고 특징적인 맛을 유지하는 데 어려움이 있었다. 그러다 보니 각 회사는 맥주 맛보다는 이름으로 승부를 내려는 이미지 마케팅Image Marketing에 중요성을 두었다. 바로 술의 광고가 부쩍 눈에 띄게 되었다.

그런데 이런 기존의 전략에 새로운 반전이 나타난 맥주가 있다. '물 타지 않은 맥주'다. 아예 기존에는 물을 탔다는 것을 노골적으로 부각시켜 광고한다. 우리는 기존에 기만당했다는 생각보다는 "와! 새로운 맥주구나."하고 관심을 갖는다. 무엇이 옳은 것인지 모르겠다. 그저 마시는 게 좋은 것이지.

프렌치패러독스: 술을 많이 마셔 건강하다고?

▼

프랑스를 비롯한 유럽 여러 나라의 포도주 판촉은 치열하다. 남아공의 넬슨 만델라는 남아공의 네더버그산 적포도주를 들고 카메라 앞에 섰다. 술을 전혀 마시지 않는 만델라였지만 세계 각국의 신문 방송에 오르내리는 자신의 모습을 이용해 자기 나라의 포도주를 홍보하고자 했던 것이다. 만델라 덕택인지 95년부터 남아공의 포도주가 명성을 얻고 있다. 그래서 유럽의 포도주 생산국들은 비상이 걸리고 포도주로 유달리 유명한 프랑스는 자존심이 상하였다. 그러면서 프랑스는 국가적으로 포도주의 관상동맥 질환과 순환기질환 예방 등의 건강효과가 있다는 연구보고를 계속해서 발표하였다. 그 중 하나가 육류를 많이 먹는 식생활에도 불구하고 프랑스 사람들이 심장병 발병률이 작다는 등의 일명 '프렌치 패러독스French Paradox'를 발표하였다. 이는 포도 껍질과 씨 등에 주로 들어있는 폴리페놀 성분이 체내에서 노화를 유발하는 활성산소를 제거하고 동맥혈관 내의 혈전을 없애줌으로써 동맥경화를 비롯한 심장병 예방효과를 나타내기 때문이다. 우리 사회에서도 "건강에 좋다."는 그들의 홍보를 그대로 믿고 엄청난 반응을 보였다.

그러나 프렌치 패러독스를 올리브 오일이나 마늘과 양파 때문이라고 보는 학자들도 있다. 그들은 프렌치 패러독스를 지나치게 믿는 것을 경고하였다. "프랑스 사람들은 미국 사람들보다 지방은 많이 먹지만 전반적으로 칼로리는 적게 먹고 있다. 이것은 오랜 시간에 걸쳐 체중에 상당한 차이를 만들 수 있다."

이유가 무엇이든 분명 프렌치 패러독스는 프랑스 와인산업에 엄청난 이익을 가져다주었다. 이 판매전략은 포도주를 술이라기보다는 건강식품으로 인식하도록 만드는 홍보로 사용되었다. 문제는 포도주의 폴리페놀 성분만을 믿고 포도주에 열광하는 사람들이 급증했다는 것이다. 평소에 술을 마시지 않는 사람들도 포도주가 건강에 좋다는 인식을 갖고 보약 먹듯 포도주를 마시기 시작했다. 정말 포도주를 많이 마시면 건강해지는 분위기가 되었다. 그리고 프렌치 패러독스라고 해서인지 프랑스산 포도주에만 집착하는 사람도 있었다. 우리의 모든 매스컴은 프랑스 포도주산업의 광고대행사 같았다. 서로 경쟁이라도 하듯 포도주를 부추겼다. 혹시 나도 그에 대해 부화뇌동하지 않았나 반성해볼 일이다. 포도주는 영양면에서 간접적으로 영향을 끼치기도 하지만 결국 술이다. 사람들은 술의 부작용에 대해서는 간과하고 있다.

사실 우리나라에도 세계적으로 알려지지 않아서이지 예전부터 이런 사회적 현상이 있었다. 숨은 의미는 프렌치 패러독스와 사뭇 다르지만 결과는 술을 권하는 것이다. 술을 먹는 게 건강에 좋다는 생각은 '약주'라는 말에 묻어 있다. 약주란 원래 중국에서는 약으로 쓰이는 술을 뜻했지만 우리나라에서는 그런 뜻의 약용주가 아니다. 식량이 부족했던 조선시대에 금주령이 시행되었는데, 다만 질병을 치유하는 데 사용하는 약용주는 예외였다. 이를 이용해 사람들이 술을 만들어 마시기 위한 편법으로 술을 약용주라 부르기 시작한 것이 계기가 되어 모든 술을 '약주'라 부르게 되었다. 그래서 술을 권할 때 "약주 한잔 하시지요." 한다. 결국 술 권하기에 아주 좋은 표현이다.

첫째 잔은 사람이 술을 마시고,

둘째 잔은 술이 술을 마시고,

셋째 잔부터는 술이 사람을 마신다.

프랑스 사람들도 포도주를 마신 사람들을 비유한 말이 있다.

포도주 한 잔을 마시면 양과 같이 온순해지고,
두 잔 마시면 사자 같이 자신감으로 가득 차고,
세 잔 마시면 원숭이처럼 말이 많아지고 상스런 말을 하게 된다.
완전히 술에 취하면 돼지처럼 되어 수치스러움에 나뒹굴게 된다.

다시 한 번 강조하건데, 아무리 술이 혈액순환에 도움이 되고 포도주의 항산화성분이 있다고 한들 술은 술이다. 절제를 잃는 순간, 술은 독이 된다.

도리토스 효과

게맛살은 1973년 일본의 수산가공업체가 개발했고 국내에서는 1982년부터 판매되고 있다. 게살을 발라먹는다는 것은 여간 수고스러운 일이 아닌데, 맛있는 게살을 먹기 위한 투쟁을 게맛살이라는 제품이 한방에 날려주었다.

처음 모 회사에서 게맛살을 내놓았을 때 많은 사람들은 진짜 게살로 만들어졌다고 믿어 이 제품은 선풍적 인기를 끌었다. 그러나 게맛살은 무늬만 게살일 뿐 명태와 같은 생선살과 전분의 혼합원료에 게의 응축액과 껍질에서 추출한 게향(플레이버)과 천연색소 등을 첨가해 이름 그대로 게살 맛을 느끼도록 만든 것이다. 소비자가 똑똑해지면서 현재 시판되고 있는 제품 중에는 실제로 게살을 원료로 사용한 것이 있지만 그런 경우는 드물다.

게맛살이 게살로 인식되는 가장 큰 이유는 그 맛살이 진짜 게살처럼 세로로 찢어지는 특성 때문이다. 어류가공회사에서 가공포장공정에서 우연히 발견되었다는 이 방법은 우리를 감쪽같이 진짜 게살로 믿게 만들었다.

외국에서는 맛살이나 어묵과 같은 것을 '수리미surimi'라고 한다. 인공적으로 진짜처럼 만든 것이라고 해서 많은 사람들이 이를 꺼린다고 말하지만 실제로 많은 슈퍼마켓에서는 이것을 판매하고 있다. 이유는 가격이 싸고, 지방이 적고, 무엇보다도 맛이 그리 나쁘지 않다는 것이다. 게살 맛은 아니라하더라도 생선 맛은 난다. 저렴하고 편리하게 게 맛을 즐길 수 있는 대신에 첨가물이 많이 들어간다.

게맛살과 같은 맥락으로 탄생한 것이 도리토스다. 도리토스는 아이들이 흔히 먹는 옥수수 스낵이다. 종류가 다양해서 무엇을 먹을지 선택하는 데도 시간이 걸린다. 아니 골라 먹는 재미가 있다. 이제부터 어떻게 해서 도리토스라는 제품이 생겨났는지 살펴보자.

1962년 여름, 미국의 대표적인 스낵회사 프리토-레이Frito-Lay 마케팅부사장 아치 웨스트Arch West는 캘리포니아 남부로 가족여행을 떠났다. 그 여행 중 고속도로 길가에서 발견한 어느 작은 멕시칸 판잣집에서 작은 상자의 또르띠야 칩이라는 옥수수로 만든 둥근 전병과 같은 음식을 주문했다. 그를 사로잡은 것은 바삭거림이었다. 모양은 제쳐두고라도, 그 바삭함은 또르띠야 칩이 웨스트가 마케팅하고 있던 스낵, 프리토스Fritos와는 아주 다른 특징을 가지고 있었다. 또르띠야와 프리토스 그 둘은 같은 옥수수 스낵이지만, 또르띠야 칩은 구워서 더욱 바삭하게 만들었다. 웨스트에게 또르띠야 칩이 프리토-레이의 다음 빅히트 상품이 될 거라는 직감이 떠올랐다.

이미 프리토스라는 옥수수 칩이 판매되고 있기에 회사에서는 그리 관심이 없었지만 웨스트의 성공확신은 결국 멕시코 말로 '작은 골드'라는 의미의 '도리토스'를 스낵으로 탄생시켰다. 이제 전 세계 사람들이, 특히 아이들이 도리토스를 알고 사랑한다. 웨스트는 도리토스를, 또르띠야에 여러 가지 재료를 넣어서 먹는 멕시코 전통요리인 '타코' 맛이 나도록 만들었다. 그는 단순한 옥수수 칩에 멕시코 음식의 독특한 플레이버와 짭짤한 맛을 준 것이다. 즉 삼각형의 구운 옥수수 스낵에 타코 플레이버flavor를 입히자 모든 사람들이 타코 맛이 나는 도리토스를 좋아했다. 그런 식으로 향만을 입힌 도리토스는 현재 나초치즈, 쿨랜치Cool Ranch 샐러드드레싱, 살사Salsa Verde, 칠리Spicy Sweet Chili 등과 한정판을 포함하여 전 세계적으로 102가지 플레이버가 존재한다.

물론 실체와 플레이버는 다르다. 실체는 자신만의 독특한 진짜 맛을 가지고 있다. 오렌지는 오렌지 맛이 난다. 바나나는 바나나 맛이 난다. 타코는 타코 맛이 난다. 옥수수 칩은 옥수수 칩 맛이 난다. 적어도 맥도날드 햄버거에 대해 들어본 적이 없는 시대의 세상은 그랬다.

그러나 바비큐 과정을 거치지 않고 그냥 바비큐 맛이 나는 칩을 먹은 사람들은 오렌지, 포도, 레몬과 같은 맛이 나는 탄산음료로 목을 씻어내는 것을 좋아했다. 이런 음식들은 진짜 "실체"의 어느 것도 포함하고 있지 않았다. 즉 오렌지, 포도, 레몬 등이 들어가지 않은 음료다. 타코 맛의 도리토스는 짠맛의 오리지널 도리토스보다 맛이 더 좋았다. 그리고 실제 타코와는 달리, 변질되지도 않고 바짝 마르지도 않았다. 그것은 항상 똑같은 맛이 났다. 요리할 필요도 없었고 값도 저렴했다.

그 어느 것도 더 이상 본래의 진짜 맛이 아니다. 모든 것이 우리가 원하는 플레이버다. 우리는 음식재료가 점차 밍밍해짐에 따라 그 맛을 보충하기 위해 양념 즉 향을 기계적으로 만든다. 대부분 사람들은 이것이 정크푸드라는 것을 안다. 그러나 그런 일은 앞에서 본 게 맛살에서뿐 아니라 식당에서 파는 음식에도, 슈퍼마켓에서 파는 음식에도 그리고 집에서 요리하는 음식에서도 일어나고 있다. 블루베리에도, 닭 가슴살에도, 브로콜리에도, 상추에도, 심지어 회향풀에도 일어나고 있다. 모든 것에서 진정한 맛이 사라지고 동시에 더욱 양념이 들어가고 향이 들어간다. 모든 것이 게맛살과 도리토스처럼 되고 있다. 맛은 더 이상 자연에 달려있지 않다. 그 맛을 인위적으로 만들어버린다.

맛은 우리의 행동을 조종하고 우리의 기분을 통제한다. 만약 음악이 소리의 매개체를 통해 표현된 감정이라면, 맛은 음식이라는 매개체를 통해 표현된 감정이다. 뭐랄까, 우리는 우리 마음을 가지고 장난치고 있다. 타코, 체리, 포도, 오렌지 등과 같은 맛이 나는 음식을 한 입 물면, 우리 뇌는 실제로 타코, 체리, 포도, 오렌지를 먹었다고 생각할 것이다. 그러나 우리가 실제로 맛보고 있는 것은 플레이버 화학물질이다. 그게 바로 우리가 살고 있는 세상이다. 그런 현상을 나는 '게맛살 효과'라고 하고 싶지만 나보다 유명한 학자 마크 샤츠커Mark Schatzker는 '도리토스 효과Dorito Effect'라고 불렀다. 토리토스 효과는, 아주 간단히 말해, 식품이 자신의 독특한 맛을 잃고 가짜 맛을 만들어내는 기술이 더욱 발전해갈 때 나타나는 효과를 말한다.

그래서 우리는 어른들이 음식을 먹으면서 "예전 맛이 나지 않아."라고 말하는 것을 종종 듣는다. 어른들의 입맛이 나이 들면서 변한 것도 있지만 실제로 음식이 예전의 맛을 잃어가고 있다. 밍밍하니 묽어졌다. 토마토를 먹어도 예전만큼 토마토 맛이 나지 않고, 쑥갓을 먹어도 예전의 쑥갓 맛이 나지 않고 심지어 닭고기도 예전의 닭고기 맛이 나지 않는다. 그래서 우리에게는 더욱 가짜 맛이 필요해지고 있다. 우리 입을, 아니 우리 뇌를 즐겁게 해주기 위해서 더욱. 매년 우리가 먹는 식품은 점점 더 도리토스처럼 되어가고 있다. 우리는 양념 혹은 플레이버로 우리 입과 마음을 속이고 있다.

건강보조식품과 FDA(미국식품의약청) 승인
▼

우린 가끔 농담을 주고받는다. 쥐가 건강에 좋다고 하면, 우리나라에 남아나는 쥐가 없을 거라고. 누구나 오래 살고 싶고 건강하고 싶고 그러다보니 건강에 좋다면 뭐든지 먹어 보자는 심리가 강한 사람들이 있다. 그래서 건강보조식품 시장은 점점 커지고 있다.

건강보조식품이란 무엇인가? 너무도 제한이 없는 말이다. 그저 먹어서 건강에 별 탈이 없다면 건강보조식품에 속할 수 있다. 그래서 어쩌면 건강보조식품이란 어떤 확실한 보장을 기대할 수 없는 것인지도 모른다. 어떤 사람은 첨가제나 방부제를 사용하지 않은 자연 그대로의 식품을 보다 좋은 식품으로 여긴다. 그러다 보면 자칫 이런 자연식품을 건강보조식품의 테두리에 넣을 수도 있다. 마치 녹색이나 갈색을 띄고 있는 자연식품은 건강보조식품인 듯한 착각이 들 때도 있다. 예전부터 우리는 몸이 허해지면 보약을 먹었다. 보약이라는 개념에 익숙한 우리에게 기능성 건강보조식품업체들은 완곡한 표현으로 혹은 애매한 표현으로 식품을 약처럼 광고하며, 식품의 먹는 즐거움을 약을 복용하는 위험한 일로 바꿔버렸다.

　건강보조식품은 가격도 비싸다. 비싸야 효과가 있는 것으로 여기는 사회풍토도 한 몫 했을 것이다. 건강보조식품 광고가 신문에 매일 등장한다. 가정방문 판매도 많다. 너무도 그럴싸하게 광고가 나와 마치 건강보조식품을 먹으면 모든 병이 나을 듯이 느껴진다. 심지어 그걸 먹지 않으면 큰 일 날 것 같다. 그러나 무슨 특허, 무슨 의학박사 등등의 광고를 너무 믿는 것도 좋지 않다. 지나친 과대선전 뒤에는 허위가 많을 수 있다. 상식적으로 납득이 가지 않는 것에도 쉽게 속는 사람들이 많다. 미국 뉴욕시에서 조사를 한 결과, 건강보조식품이라고 해서 일반 식품과 특별히 다른 것이 없다고 밝힌 적이 있다. 단지 값이 비쌀 뿐이라고.

　미국의 경우, 건강보조식품을 승인해주는 기관은 FDA(Food and Drug Administration)다. 우리나라 보건복지부의 식품의약품안전청 KFDA에 해당하는 조직으로서 식품, 의약품, 의료용구, 화장품, 동물 의약품, 사료 등과 같은 제품의 안전성을 확보하여 공중위생을 보호, 증진시키는 역할을 담당하고 있다. 그러나 이 기관에서 관리, 통제하는 일이 너무 많아 많은 문제점을 가지고 있다. 그 중 하나가 건강보조식품에 대한 FDA의 승인이다. 우리는 건강보조식품 판매에서 주장하는 효능을 FDA가 승인했다는 말이면 100% 믿는 경향이 있다. 그러나 건강보조식품생산업체가 주장하는 효능에 대해 FDA가 직접 그 효능을 테스트하여 승인하는 것이 아니다. 생산업체가 스스로 직접 효능이 있다는 것을 증명하여 승인신청을 하면, FDA가 서류심사를 거쳐 승인을 내리는 것이지만, 실제로 신청 후 일정기간이 지나면 자동승인이 내려진다. 인원이 늘 부족한 FDA는 그 많은 건강식품에 대해 모든 것을 심사할 수 없어 간혹 자동승인을 내리는 경우가 있다. 그러므로 우리는 아쉽게도 FDA를 전적으로 믿을 수 없는 현실이다. 그렇다고 FDA 승인이 아무런 보장을 해주지 않는다고 과대 해석하는 것도 우려할 일이다. 다만 아는 것만큼 보인다고 무조건적인 맹신에서 벗어나는 시각을 가질 필요가 있다.

최고의 소비자, 어린이

오늘날 어린이에게 영향을 주는 심각한 식생활 문제는 필요량보다 더 많은 음식을 먹음으로 해서 생기는 비만이다. 소아과 의사들은 어린이들의 혈중콜레스테롤과 혈압이 높게 나타나고 성인에게나 발병했던 당뇨병이 점점 어린 나이에 빈발하고 있다고 발표했다. 어린이 비만은 사회적, 경제적, 인구학적 그리고 환경적 변화의 복잡한 상호관계에서 비롯된다. 맞벌이 부모, 늘어난 용돈, 어디에나 널려 있는 광고매체, 너무도 쉬운 구매의 용이성, 제한적인 육체적 활동. 이 모든 변화들로 아이들은 필요한 에너지보다 더 많은 음식을 먹는 경향을 나타내며 건강에 좋지 않은 음식을 선택하여 육체적 활동의 걸림돌로 작용하는 경향도 보인다. 비만해져서 몸의 움직임이 둔해져서 활동 폭이 줄어든 것인지 아니면 육체적 활동 폭을 줄게 만든 것이 우리 부모들인지, 즉 맘껏 뛰어 놀게 해야 할 아이들을 '안전'이라는 미명 아래 우리 부모 스스로가 아이들의 활동을 제지하지 않았나 하는 것도 고민해보아야 할 것 같다.

아이들이 집밖에서 사먹는 많은 음식들은 분명 칼로리, 지방, 소금의 함량이 현저히 높다. 이러한 사실은 우리 사회가 어린이들의 식생활 습관과 어린이들이 먹는 식품의 질과 양 두 측면에 영향을 주는 방식에 관심을 가질 필요성을 제시한다. 그런 영향방식 중 하나가 식품 마케팅이다. 따라서 의도적으로 어린이들을 대상으로 판매를 한다면 거기에 특별한 관심을 기울일 필요가 있다.

요즘과 같은 시대에 어린이에게 식품을 판매하는 것은 가정에서든 패스트푸드 식당에서든 혹은 학교에서든 큰 사업거리다. 식품마케팅 담당자들은 어린이가 매력적인 소비자가 된다는 사실을 오래전부터 파악하고 있었다. 어린이에게 쓰는 돈이 점점 늘고 있으며 어린이들의 구매결정권이 더욱 커지고 있기 때문이다. 실제로 주변 아이들을 살펴보면, 어른인 나보다 더 많은 용돈을 사용하는 아이들을 보며 놀랄 때가 종종 있다. 그런 그들의 용돈 중 많은 부분이 식품과 음료수 구매에 사용되고 있다.

요즘 아이들은 텔레비전이나 스마트폰 그리고 인터넷 검색으로 계속해서 앉아 생활하면서 수없이 많은 제품광고에 노출된다. 게다가 아이들은 갈수록 더 어린 나이에 광고상표를 깨닫게 되고 그 제품에 대한 확고한 선호도가 정립된다. 물론 어른도 마찬가지지만. 실제로 아이들에게 코카콜라를 좋아하는지 펩시콜라를 좋아하는지 아니면 광고를 하지 않는 소규모 브랜드의 콜라를 좋아하는지 질문하면 대답은 뻔하다. 광고되지 않은 제품에 대해서는 아예 관심도 보이지 않는다. 그리고 7, 8세의 어린이라도 돈의 용도를 이해하고 혼자서 쇼핑을 할 수 있고 자신들이 원하는 제품에 대한 정보를 요구하기도 하며 자신들이 산 물건을 다른 친구들에게 자랑하기도 한다.

그러므로 어린이들에게 접근하기 위해 식품마케팅 담당자들은 다양한 방법을 동원한다. 텔레비전과 인터넷 광고는 그러한 방법 중 눈에 띄는 것일 뿐이다. 그 외에도 식품회사들은 학교 안팎에서 덜 노골적인 수단으로 아이들에게 다가서고 있다. 아무리 어려도 텔레비전의 식품 마케팅 대상이 되지 못하는 아이들은 없기 때문에 대부분의 어린이 프로그램들은 광고제품과 직접적으로 연결되어 있다. 예를 들어 어린 아이들이 좋아하는 방송프로그램인 〈텔레토비〉도 처음에는 버거킹으로부터 후원을 받다가 나중에는 맥도날드의 후원을 받았다. 맥도날드는 그 프로 4명의 주인공을 본뜬 장난감을 '해피밀'이라는 상품과 함께 배포하였다. 아이들은 그 장난감을 갖기 위하여 맥도날드 햄버거를 사먹어야 한다. 그리고 이런 행동은 새로운 캐릭터 장난감이 나올 때마다 반복된다.

특히 음료수 회사들은 어린 소비자들을 공략하기 위해 학교를 '매수'하는 일도 서슴지 않는다. 탄산음료 회사와 학교가 계약을 맺고 교내 자판기와 학교행사 등에 해당 제품만 사용하는 대신에, 회사는 학교에 계약금을 일시에 지급하고, 추가로 기부 등의 형태로 커미션을 제공하는 식이다. 이런 독점계약은 웃지 못 할 사태를 낳기도 했다. 미국의 한 고등학교에서 학생자치회 후원으로 열린 '코카콜라의 날' 모임에서 펩시 로고가 새겨진 셔츠를 입고 온 한 학생이 정학을 당한 사건이 있었다.

어린이에게 광고를 하기 위한 공간은 오로지 마케팅 담당자의 상상력에 의해서 한계 지어질 뿐이다. 식품회사들은 자신들의 로고를 장난감, 게임, 옷, 그리고 학용품 등에 붙인다. 그들은 잡지책을 발간하고 클럽도 후원하고 쿠폰도 배포하며 영화나 드라마 속에 자신의 제품이 나오도록 하고 저명인사의 추천을 받기도 하고 심지어 아기의 젖병에도 그려 넣는다. 예를 들어 M&M 초콜릿캔디회사는 자신들의 로고 아이템 장난감, 모자, 재킷, 시계, 열쇠고리, 냉장고용 자석, 카드, 컵 등으로 가득한 카탈로그를 만들어낼 정도고, 맥도날드는 장난감, 머그, 그리고 명절이나 생일 그리고 특별한 날을 위한 상품 등을 전 세계 매장을 통해 판매한다. 정말 기발하다고 해야 할까? 어린이용 숫자공부 책에 라이센스를 제공한 회사들도 있다. 이런 책들은 그 식품회사의 사탕이나 과자 또는 시리얼 식품의 구매와 사용을 강요한다. 이런 책들은 음식 가지고 장난치지 못하게 하는 가르침을 심각하게 훼손한다. 그 책들은 아이들에게 토큰처럼 사탕이나 시리얼 혹은 과자를 사용하여 숫자를 세게 하고, 음식을 지정된 자리에 놓도록 하여 셈을 가르친다. 당연히 그 식품이 필요하다. 게다가 책에는 할인쿠폰도 끼워있다. 페이지마다 그 제품의 그림이 그려져 있다. 이렇게 상업적 목적이 명백한데도 이런 책들은 잘 팔린다. 나도 아무런 의식 없이 행동하는 그런 소비자 중 하나였다. 그런 책들은 교사들이나 부모들은 물론이고 이런 방식의 판촉을 싫어하는 사람들에게조차도 인기가 좋다. 아이들이 그것을 세고 나서 먹을 수 있다는 보상이 있기 때문에 셈 공부에 효과적이라는 사실을 부인하지 못한다는 그 사실이 씁쓸할 뿐이다.

어린이 소비자는 봉이 아니다. 우리 어른들은 우리 자신뿐 아니라 어린이들을 위해서라도 모두 감시자가 되어야 한다. 한 때뿐만이 아닌 계속적인 감시자가 되어야한다. 우리 소비자는 오늘만이 아닌 매일 감시하고 전문인들은 우리 소비자와 같은 선에 서서 보다 철저히 연구하여 모든 국민들이 믿을 수 있도록 기반이 되어 주어야한다. 정부 역시 수시로 변하는 정책과 일관성 없는 보도로 국민을 당황시킨다거나 신뢰성을 잃는 일이 없도록 해야 한다.

우리 청주 되찾기
▸

청주를 생각할 때마다 우리들이 어리석다는 생각을 지울 수 없다. 우리 조상들이 사용하던 청주淸酒라는 말을 일본에 고스란히 넘겨주고, 아예 청주가 일본의 술인 양 여기고 살아가는 우리. 한술 더 떠서 일본에서도 우리가 그들의 기술을 기본으로 해서 청주를 제조하고 있다고 여긴다. 다음은 1993년 8월 7일자 〈동아일보〉의 글이다.

쌀을 원료로 한 곡주가 우리의 대표적인 술이었으나 서울의 상류층은 고급청주인 약주를 애용했다. 우리나라에서 오랫동안 탁주와 약주의 구별은 없었다. 그러나 막 걸렀다는 막걸리와는 구별했다. 서민층에서는 막걸리를 주로 마셨지만 상류층에서는 술로 치지 않았다. 엄밀히 말해 약주는 발효된 술밑에 용수(술을 거르는데 사용하는 통)를 박아 용수 속에 고인 것을 떠낸 것이다.

이 기사에서 보면, 한 나라의 지성인이라고 할 수 있는 기자 역시 정확히 우리 술에 대해 짚어주지 못했다. 청주가 곡주라는 사실도 모르고 쓴 글이다. 우리나라의 전통술은 탁주(막걸리), 청주, 소주로 대표된다. 청주는 탁주의 상대적 개념을 가지고 있는 술이다. 쉽게 말하면 탁한 술을 탁주, 맑은 술을 청주라고 하였다. 술독의 술을 바가지로 퍼서 체 안에 쏟아 부으면 술이 탁하고 뿌옇기 때문에 탁주, 술독의 술이 익으면 지게미가 가라앉고 술독 안에 박아둔 용수 안의 깨끗한 술, 그 맑은 술을 우리 조상들은 청주라고 했다. 어찌 보면 청주는 성질 급한 사람을 위한 술이다. 거를 시간도 허용하지 않고 술독에서 곧바로 마시는 술이니. 탁주나 청주는 오래 보관할 수 없다. 그래서 청주를 소주거리를 이용해 증류하면 소주가 된다. 앞에서 언급했기에 이글을 읽고 있는 독자라면 희석식 소주와 구별할 줄 알아야 한다. 막걸리(탁주)를 제외한 지금 우리가 민속주라고 부르는 대부분의 술이 청주라 할 수 있다.

이쯤에서 다시 한 번 화가 나는 일이 있다. 일본의 기술이 남긴 희석식 소주에게 소주의 이름을 넘겨주고 우리의 전통소주들은 전통주 혹은 민속주라는 이름을 얻어 쓰고 있다. 즉 탁주는 막걸리로, 소주는 전통주로, 그리고 꼭 (전통)청주를 표현하고자 하면 위 기사에서처럼 약주라는 말로 혹은 정종이라는 말로 사용하고 있다.

쌀로 만드는 청주는 삼국시대부터 만들어진 한국의 술이다. 일본 『고사기』에는 백제의 인번仁番(수수고리)이 웅신천황 때 일본에 건너가 새로운 방법으로 미주美酒를 빚었으므로 그를 주신酒神모셨다고 전한다. 여기서 말하는 미주는 청주의 원조로 보고 있다. 고려시대 이규보의 『동국이상국집』에서는 "발효된 술덧을 압착하여 맑은 청주를 얻는데…"라고 했고 고려 중기 송나라 사절로 고려에 왔던 서긍(徐兢)이 지은 『고려도경』 책에서도 "왕이 마시는 술은 양온서에서 다스리는데, 청주와 법주^ㅁ를 질항아리에 넣어 명주로 봉해 저장해둔다."고 했다. 이로 미루어보아 고려시대에는 발효된 술덧을 압착하거나 걸러내어 맑은 술, 즉 청주를 빚었다.

우리 주세법 제4조 2항에, 청주는 '쌀(찹쌀을 포함), 국麴(누룩) 및 물을 원료로 하여 발효시킨 술덧을 여과, 제성한 것'이라고 했다. 일본 주세법 제1장 3조에서 청주는 '쌀, 고오지(누룩) 및 물을 원료로 발효시키고 여과한 것'이라고 되어있다. 결국 같은 술인 것이다. 단지 누룩 만드는 방법이 다를 뿐이다. 우리가 늘 외치는 신토불이를 여기에서도 외친다면 서로 다르다고 할 수 있을까? 그렇다 해도 둘 다 청주는 청주인 것이다.

법주 멥쌀을 주원료로 하여 일정한 처방으로 빚어 종묘제사 등 나라의 의식에 사용되던 관용주를 일컫던 것으로 추측된다. 언제부터인지 정확한 연대는 알 수 없으나 사찰 주변에서 빚어지고 있는 술도 법주라고 한다.

일본 청주에게 우리 조상들이 늘 써오던 '청주'라는 말을 내주고, 한국의 전통 청주는 '약주'라는 이름을 쓰고 있다. 이게 무슨 꼴인가? 어찌 이런 일이 일어났을까? 한반도에 주세법을 처음 만든 사람들이 바로 일본 사람들이었고, 주류업을 산업적 규모로 만든 것도 일본 사람들이었다. 이러다보니 일본 청주가 우리의 청주 자리를 차지하게 된 것은 식은 죽 먹기였다. 그리고 그 때 만들어진 관행이 지금까지 계속 되고 있는 것이다.

언제부터인가 제사나 명절 상에 정종을 올리게 되었다. 아마도 일제강점기 이후인 것은 분명하다. 정종은 일본청주로 일본에서 보통 '사케'라고 부른다. 사케라는 말은 '술'을 나타내는 한자어 '주酒'를 일본말로 읽은 것으로 일본 술 전체를 뜻하는 것이다. 그러니 우리 입장에서 일본 청주는 사케의 한 종류다. 어디에선가 재일교포(?)가 쓴 글을 읽은 적이 있다. '사케'는 우리 말 '삭혔다'에서 비롯된 것이라고. 우리 선조들은 '발효시키다'를 '삭히다'로 표현했으니 일리가 있는 말이다. 백제 수수고리가 일본에 술이나 김치 담그는 법을 가르치면서 분명 '삭혔다'는 말을 사용했을 것이다.

앞에서 언급했듯이 일본 청주는 백제시대에 건너간 우리 백제의 청주 주조기술이 일본의 기후와 풍속에 맞게 나름대로 발달하여 비롯된 청주다. 정종은 그 청주가 우리나라로 역수입된 외래주다. 우리나라의 전통 청주와 비슷한 제법으로 만들어지는 일본식의 이 술은 1895년 청일전쟁에서 승리한 일본이 청으로부터 받은 배상금으로 네덜란드 미생물학자를 초빙하여 여름에도 술이 상하지 않는 효모기술을 발전시켜 만든 술이다. 이후 일정한 맛을 지닌 일본식 청주가 전국 양조장에서 저마다 독자적인 상표를 달고 판매되기 시작하였다. 그 중에서 국정종주國定宗酒는 대단한 인기를 얻었다. 일제 강점기 때 일본 청주는 생산량과 품질에서 조선 청주를 앞서갔다. 일본의 수탈로 쌀이 부족하자 조선 청주의 재료인 찹쌀과 멥쌀을 값싼 다른 재료로 대체하다보니 품질이 뒤떨어지게 되는 것은 당연한 일이었다. 일찍이 개항장으로 조성된 마산은 일본인 핵심 거주지가 되어 일본 청주 생산의 중심지였다. 마산에서는 마산정종, 대전에서는 대전정종大典正宗, 부산에서 앵정종櫻正宗, 인천에서 표정종瓢正定 등이 생산되었다. '정종'이라는 이름은 일본 사무라이들의 일본도日本刀의 명장 강기정종岡崎正宗에서 따온 것으로, 한반도 정복의 야욕과 자신들의 정신을 고무시키기 위해 술에 '정종正宗'이라는 이름을 붙였을 것이라고 한다. 즉 정종은 일본 청주의 브랜드에 속한다. 그러므로 우리의 청주를 정종이라 해서는 안 된다. 1920년대 이후 조선 사람들은 일본 청주회사의 상표인 정종을 일본식 청주를 일컫는 이름으로 대체하였고, 이것이 대중화되어 우리나라 사람들에게 일본식 청주의 대명사로 써왔던 것이다. 그러니 일본 청주를 정종이라 부르는 것은 이해되지만, 그렇다고 우리 청주까지 정종이라고 부르는 것은 우리 김치를 기무치라고 부르는 것과 같은 것이다.

이제라도 우리 조상들이 사용한 청주개념을 회복해야 한다. 일본의 청주를 부정하자는 게 아니다. '청주하면 일본 술'이라는 인식을 거두자는 것이다. 우리도 몽고(원나라)의 영향으로 증류식 소주 만드는 법을 배워, 우리만의 독특한 술을 발전시켰다. 일본 사람들도 우리 백제선조들의 청주기술을 배워 그들만의 독특한 청주를 발전시켜 나갔다. 다시 말해, 청주는 일본 술에만 적용되는 것이 아니고 우리 술에도 청주가 있음을 알고 자연스럽게 청주라는 말을 사용하자는 것이다.

우리의 양조업이 일본에 전해졌다지만 일본 양조업은 다시 17세기에 우리나라에 들어와서 대규모로 번창하여 산업화하였다. 그리고 그들은 술을 발효과학적으로 접근해 축적된 연구결과를 공유하였다. 우리는 일제강점기의 주세법, 한국전쟁 이후의 경제적 곤궁과 일본식 제도의 잔재로 인해 우리만의 양조기술이 더욱 후퇴하였고, 게다가 1965년 양곡관리법이 시행되면서 쌀로 술을 빚지 못하였으니 전통적 양조는 맥을 이어가기에 열악한 상황이었다. 그런 상황에서 학문적 연구는 고사하고 기술과 정보도 공유하지 않아 일본과는 수준차가 났다. 다행히 1980년대 이후 주류에 관한 여러 규제와 제약이 조금씩 풀려 잊혀가던 전통 술제조법이 재현되고 있고, 우리의 과학수준도 뒤처지지 않는 상황이다. 이제 우리의 정신만 다시 복원하면 된다. 우리에게도 일본 청주 못지않은 청주가 있고, 그 청주를 약주나 정종이라 부르지 않고 당당히 '청주'라 부를 자신감을 회복해야 한다.

주

1장 사랑과 음식

1 Kenji & Mitsuo, *Spice Science and Technology* (New York: CRC Press, 1998) pp. 156~157.

2 한복진, 《우리가 정말 알아야 할 우리 음식 백가지 2》 (현암사, 1998) 720쪽.

3 박지연, 《무병장수를 위한 초간단 건강법》 (미리암, 2013) 56~58쪽.

4 Reese Dubin, *Miracle Food Cures from the Bible* (New Jersey: Prentice Hall, 1999) pp. 278.

5 Amy Reiley, 「Aphrodisiac Shrimp」 (On line, 2014).

6 Filomena et al. 「Effects of a Pomegranate Fruit Extract rich in punicalagin on oxidation-sensitive genes and eNOS activity at sites of perturbed shear stress and atherogenesis」(*Cardiovascular Research.* 73(2), 2007) pp. 414-423.

7 Kim et al. 「Chemopreventive and adjuvant therapeutic potential of pomegranate (Punica granatum) for human breast cancer」(*Breast Cancer Res Treat*, 71(3), 2002) pp. 203-217; Kohno et al. 「Pomegranate seed oil rich in conjugated linolenic acid suppresses chemically induced colon carcinogenesis in rats」 (*Cancer Sci.* 95(6), 2004) pp. 481-486.

8 S. L. Allen, *In the Devil's Garden; A sinful history of forbidden food* (New York: Ballantine Books, 2002) pp. 31-39; 김정희 《사랑과 음식》 (열매출판사, 2005) 147~150쪽.

9 홍인희 《우리 산하에 인문학을 입히다》 (교보문고, 2013) 81~82쪽.

10 루트 봄보쉬 《카사노바의 맛있는 유혹》 (디자인하우스, 2000).

11 Sheryl Walters, 「The Most Essential Nutrients for a Strong Sex Drive」 (Natural News, On-line, 2008).

12 Karin Bäcklund, 2014.

13 S. L. Allen, *In the Devil's Garden; A sinful history of forbidden food* (New York: Ballantine Books, 2002) pp. 132~133.

14 유승준 《사랑을 먹고 싶다》 (작가정신, 2004) 75쪽.

15 코니한 C. M.(김정희 역, 1999) 《음식과 몸의 인류학》 (갈무리, 1999), 122쪽.

16 Gregor, T. *Anxious Pleasure: The Sexual Lives of an Amazonian People* (Chicago: University of Chicago Press, 1985) pp. 70.

3장 신화 속 음식

1 오오누키 에미코(이향철 역) 《사쿠라가 지다 젊음도 지다》 (모멘토, 2004) 56쪽.

5장 식품과 정치

1 맛시모 몬타나리,(주경철 역) 《유럽의 음식문화》 (새물결, 2001) 160쪽.

참고문헌

김정희 《사랑과 음식》 열매출판사, 2005

김정희 《성서 속의 음식》 효일, 2007

루트 봄보쉬(안영란 역) 《카사노바의 맛있는 유혹》 디자인하우스, 2000

리베카 룹(박유진 역) 《당근, 트로이전쟁을 승리로 이끌다》 시그마북스, 2012

마빈 해리스(서진영 역) 《음식문화의 수수께끼》 한길사, 2012

맛시모 몬타나리(주경철 역) 《유럽의 음식문화》 새물결, 2001

박지연 《무병장수를 위한 초간단 건강법》 미리암, 2013

시드니 민츠(김문호 역) 《설탕과 권력》 지호, 1998

야콥 블루메(김희상 역) 《맥주, 세상을 들이켜다》 따비, 2010

오오누키 에미코(이향철 역) 《사쿠라가 지다 젊음도 지다》 모멘토, 2004

우문호 외 5인 《글로벌시대의 음식과 문화》 학문사, 2006

윌리엄 더프티(최광민 역) 《슈거 블루스》 북라인, 2006

윌리엄 시트웰(안지은 역) 《역사를 바꾼 100가지 레시피》 에쎄, 2016

유승준 《사랑을 먹고 싶다》 작가정신, 2004

윤진아 《음식 이야기》 살림출판사, 2006

이상희 《꽃으로 보는 한국문화 3》 넥서스Books, 2004

코니한 C. M.(김정희 역) 《음식과 몸의 인류학》 갈무리, 1999

한복진 《우리가 정말 알아야 할 우리 음식 백가지 2》 현암사, 1998

홍인희 《우리 산하에 인문학을 입히다》 교보문고, 2013

Adams, C. J. (1990) *The Sexual Politics of Meat: A Feminist-Vegetarian Critical Theory*. New York: Continuum.

Braverman, E. R. & Capria, (2011) E. *Younger (Sexier) You*. New York: Rodale Books

Filomena de N., et al.(2007). Effects of a Pomegranate Fruit Extract rich in punicalagin on oxidation-sensitive genes and eNOS activity at sites of perturbed shear stress and atherogenesis. *Cardiovascular Research. 73(2)*, pp. 414-423

Gregor, T.(1985). *Anxious Pleasure: The Sexual Lives of an Amazonian People.* Chicago: University of Chicago Press

Kenji Hirasa & Mitsuo Takemasa(1998), *Spice Science and Technology*, New York: CRC Press

Kim N. D. et al.(2002). Chemopreventive and adjuvant therapeutic potential of pomegranate (Punica granatum) for human breast cancer. *Breast Cancer Res Treat, 71(3)*, pp. 203-217.

Kohno H, Suzuki R., Yasui Y. et al.(2004), Pomegranate seed oil rich in conjugated linolenic acid suppresses chemically induced colon carcinogenesis in rats. *Cancer Sci. 95(6)*, pp. 481-486

Piero Camporesi(1996), *Bread of Dreams: Food and Fantasy in Early Modern Europe*, University of Chicago Press

Reese Dubin(1999), *Miracle Food Cures from the Bible.* New Jersey: Prentice Hall.

Stewart Lee Allen(2002), *In the Devil's Garden; A sinful history of forbidden food*, New York: Ballantine Books

Thompson, L. U., Boucher, B. A., Lui, Z., Cotterchio, M., and Kreiger, N.(2006), Phytoestrogen content of foods consumed in Canada, including isoflavones, lignans and coumestan. *Nutrition and Cancer, 54(2)*, pp. 184-201.

이은주, 「자연치유력을 높이는 부부사랑, 성(性)을 즐겨라!」, NewsMaker(http://www.newsmaker.or.kr/news/articleView.html?idxno=3452), 2012년 9월 1일

Alexia Severson, 「Testosterone Levels by Age」, Healthline(http://www.healthline.com/health/low-testosterone/testosterone-levels-by-age#1), 2013년 2월 6일

Amy Reiley, 「Aphrodisiac Shrimp-A Seafood Delicacy」, Eat Something Sexy(http://eatsomethingsexy.com/wordpress/aphrodisiac-foods/shrimp), 2014년 12월 3일

Karin Bäcklund, 「Bornholm figs」, Nordgen(http://www.nordgen.org/index.php/en/content/view/full/1865), 2014년 12월 5일

Cholesterol and Fat Database, 「Phytoestrogen: Foods High in Phytoestrogens and Health Benefits Dietary Fiber Food」, DietaryFiberFood.com(https://www.dietaryfiberfood.com/phytoestrogen/phytoestrogen-food-sources.php) 2016년 4월 25일

Sheryl Walters, 「The Most Essential Nutrients for a Strong Sex Drive」, Natural News(http://www.naturalnews.com/023361_nutrients_body_life.html), 2008년 6월 5일